做到极致

蒋光宇 / 著

辽宁人民出版社

ⓒ 蒋光宇　2019

图书在版编目（CIP）数据

做到极致 / 蒋光宇著 . —沈阳：辽宁人民出版社，2019.11
　ISBN 978-7-205-09592-5

　Ⅰ . ①做… Ⅱ . ①蒋… Ⅲ . ①人生哲学－青少年读物 Ⅳ . ① B821-49

　中国版本图书馆 CIP 数据核字 (2019) 第 090859 号

出版发行：辽宁人民出版社
　　地址：沈阳市和平区十一纬路 25 号　邮编：110003
　　电　话：024-23284321（邮　购）024-23284324（发行部）
　　传真：024-23284191（发行部）024-23284304（办公室）
　　http://www.lnpph.com.cn
印　　刷：辽宁新华印务有限公司
幅面尺寸：145mm×210mm
印　　张：10
字　　数：230 千字
出版时间：2019 年 11 月第 1 版
印刷时间：2019 年 11 月第 1 次印刷
责任编辑：阎伟萍　孙　雯
装帧设计：留白文化
责任校对：常　昊
书　　号：ISBN 978-7-205-09592-5
定　　价：39.80 元

序

魏书生

熟悉光宇的人都认为：蒋光宇是一个真诚善良的、敬业乐业的人。他长期在辽宁省委办公厅工作，不管做普通公务员还是副厅级领导，他一以贯之真诚善良、敬业乐业。

光宇一辈子做的最主要的一件事就是用自己的一支笔，宣传真诚善良、敬业乐业。他不满足于本职工作宣传真善美，工作之余还笔耕不辍，写了大量宣传真诚善良、敬业乐业的文章。至2018年7月，他已出版37本文集，其中的《小故事大道理》（小学版和初中版）两本书，被共青团中央学校部、语文报社、中文在线联合举办的"我的中国梦"——全国中学生读书征文活动列为推荐书目，被上百种报刊发表、转载了较多的短文。他的4篇文章被选入小学、中学和中职的语文教材。

光宇真诚善良、敬业乐业的言行与作品一直鼓舞着我，最近他的新书《做到极致》即将出版，让我作序。我有幸先拜读了书稿，受益良多，促使我更深地思考人和一件事的关系。

一、人类世世代代其实只是在做一件事：追求没有骗子、没有恶人、没有行业歧视，人人平等、真诚善良、敬业乐业的共产主义。处天外遥望地球很小,从宏观的角度看,小小地球上恶人们宣传的"丛林法则,弱肉强食"、歧视压迫、战争对立,都是人类发展初期愚昧落后的产物。随着人类对宇宙、自然规律的认识的加深,人人平等,人人在自然需求的、自我喜欢的工作岗位上敬业乐业的共产主义必然到来。历史将会证明,这是不可阻挡的人间正道。

二、每个人有限的生命,其实也只能做一件事。居体内细察心域极宽,每个人都是一个宏大的世界,每个人的大脑都有一万多亿脑细胞,在脑科学理论上似乎都能成为多个领域的专家,成为具备上千种专业技能的工匠。而事实上,每个人生命长度只有生命科学理论上的125岁。"吾生也有涯,而知也无涯。"如果四面出击,只能一事无成。特别是随着科技的发展,各行各业分工越来越细,专业技能种类越来越多,几万、几十万、几百万种……许多专业技能都是一个宏大的世界,钻进去都有更广阔的发展空间,就更需要一个人一辈子静下心来,献身于某一种专业,不仅仅为了谋生,更是让自己的灵魂找到家园,找到生命快乐的源泉,敬业乐业。

三、人人可以把一件事做到极致。光宇在这本书中提出"把一件事做到极致":第一要有目标,第二要专注,第三要从小事抓起,第四需要努力,第五需要坚持。我最喜欢的是光宇提出的第六:"人人可以把一件事做到极致。""人永远没有时间把每一件事都做到极致,但有时间把最重要的事做到极致。"光宇说,"当你真想把一件事做到极致时,全世界都会给你让路。""奇迹就是把潜能发挥到极致。"光宇写了最基层、最草根、最普通的人把一件事做到极致的鲜活的经历:"打鞋带也能改变命运""感动中国的'最美洗脚妹'""从抄表工到'街拍大神'""高考落榜生的一招鲜""上海阿大的葱油饼"……我们从这些普通人身上看到的是真诚善良，是敬业乐业，生命状态蓬勃旺盛，精神世界充满阳光！

  既然人类世世代代其实也只是在做一件事，既然每个人有限的生命其实也只能做一件事，既然人人可以把一件事做到极致，那么让我们放下傲慢心、狂妄心、浮躁心、攀比心、贪嗔心，怀揣着一颗真诚善良心，敬业乐业，把平平淡淡的一件事做到极致，做得有滋有味、有声有色、如诗如画、如舞如歌吧！

  以上三点是我读了光宇这本书最深的体会，抛出来只是一块砖，愿引出更多的玉。

  愿光宇这本书引导千千万万普普通通的人"把一件事做到极致"，享受真诚善良，敬业乐业，脚踏实地享受人生每一天的快乐！

2018 年 11 月 5 日

目 录

contents

一、把一件事做到极致需要目标

伟大的目标能产生伟大的动力、伟大的毅力、伟大的事业。一个人追求的目标越实际、越远大，其才能也就发展得越快，对社会的贡献也就越多。

目标的魅力 /002
命运因目标而改变 /005
追求超越 /007
没有人不能成才 /009
每个人都有成功的位置 /011
做最好的一名 /013
自己打造品牌 /016
什么都可以争取 /019
追求就会接近 /022
成功的道路是目标铺出来的 /024
如果失去了目标 /026

希望的力量 /028
目标决定成为什么样的人 /030
不满是向上的车轮 /033
歌王的 500 年计划 /035
让世界知道我的祖国 /038
拒绝最佳男配角提名后的丰碑 /040
梦想有多远，就能走多远 /044
努力的方向明确了吗 /046
成功的捷径 /049
一颗不服输的心 /051
人生目标与健康长寿 /053

二、把一件事做到极致需要专注

古今中外，成大事者，都是把一件事做到了极致的人。
即使是一个平凡的人，即使是在一个平凡的岗位上，只要专注于自己最重要的目标，用一生把一件事做到极致，就一定会做出连自己都感到吃惊的成绩。

有为有不为 /056

十年日记十年"不" /058

平凡与非凡 /060

百年凝练的半句话 /062

天道酬"志" /064

锁定核心目标 /067

软糖实验 /069

一条横线的激励 /071

使命激励人出类拔萃 /073

当生命锁定了目标 /075

专注于自己的目标 /077

专注的眼神 /079

要专注于某一项事业 /081

专一才能第一 /084

远离诱惑 /086

不要害怕拒绝他人 /088

张籍拒绝李师道 /090

放弃的知止智慧 /093

能力与定力 /095

敢于说"NO" /097

三、把一件事做到极致需要从小事做起

伟大，不是不做渺小的事，而是将渺小的事做到极致。
非凡，不是不做平凡的事，而是将平凡的事做到极致。
伟大与非凡，孕育在把渺小与平凡的事做到极致之中。

巴顿将军的头盔 /100

小事是大事的根 /102

守护好无损的"窗户" /105

小事中的大差距 /107

每天进步一点 /110

礼貌的力量 /112

一步改变一生 /114

一文钱 /116

大事须从小事做起 /118
让一把椅子也能改变命运 /120
每天多做一点 /123
十秒钟改变命运 /126
一小步也会使命运拐弯 /128
让闪光点更靓丽 /133
一句话抓住了红遍全国的机会 /136

成功靠细小努力的积累 /139
小事也能决定命运 /141
小事做到极致就是卓越 /143
做好最熟知的一件事 /145
排除 0.01 克的隐患 /148
捍卫祖国尊严的 2 秒钟 /150

四、把一件事做到极致需要努力

在由失败通往胜利的征途上有座桥，那座桥叫努力。
在由失败通往胜利的征途上有道河，那道河叫放弃。
梦想在努力的汗水中成真。成功就是一直在努力。

不可放弃努力 /154
靠自己 /156
巨匠的作业和手杖 /159
自己的观音和上帝 /161
成功是对勤奋者的奖赏 /163
成功的公式 /165
努力的人最聪明 /167
人人都是自己命运的建筑师 /169
尽力而为还不够 /171
八倍努力的足迹 /173

勤奋才能出类拔萃 /176
不努力就不会出头 /178
老茧做证 /180
力气是才气和运气之母 /182
享受勤奋 /184
热爱你的工作 /187
对工作负责就是对自己负责 /189
命运不会亏待一直努力的人 /191
为一中国学员增设的特殊考场 /193

五、把一件事做到极致需要坚持

南宋的罗大经说:"一日一钱,千日千钱。绳锯木断,水滴石穿。"
法国微生物学家、化学家巴斯德说:"告诉你使我达到目标的奥秘吧,我唯一的力量就是我的坚持精神。"

慎终如初少败事 /198
为了坐着的权利 /200
贵恒 /203
继续敲门的勇气 /205
在贫穷面前不低头的人 /207
在绝望中发现希望 /209
成功问答录 /212
再多走一步 /214
滑一跤不是爬不起来 /216
被刺瞎双眼的孩子 /218

挑战命运的赠言 /220
一百次签名锁定的爱情 /222
战胜厄运的巨人 /224
成功蕴含着执着 /226
1009次拒绝与2500个"请" /228
逆境是强者的学校 /231
没有双臂的书法家 /234
民工博士 /237
多一点定律 /239
差一点与好一点 /241

六、人人可以把一件事做到极致

任何伟大的思想、行动和事业,都有一个微不足道的开始。
天下大事必做于细,天下难事必做于易。
要想成就大事业,就必须从有益的小事做起。小事养成习惯,习惯形成个性,个性决定命运。

一个人的意志可以改变世界 /244
总要有一样拿得出手 /247
有心人的世界 /249
做最好的自己 /252
打鞋带也能改变命运 /254

把平凡做到极致就是非凡 /256
每个人都能成为伟人 /258
奇迹就是把潜能发挥到极致 /261
盲人超男 /264
把平凡日子砌成伟大人生 /267

感动中国的"最美洗脚妹" /270
把木梳卖给和尚 /274
我要用中文 /276
把一件事做成经典 /279
只要做到极致 /281
一生做好一件事 /283
从抄表工到"街拍大神" /285

上海阿大的葱油饼 /290
高考落榜生的一招鲜 /292
"世界第一剪"——聂凤 /297
每天赚10亿的经验 /300
拍摄雪花的人 /302
拉面之神 /305

一
把一件事做到极致需要目标

伟大的目标能产生伟大的动力、伟大的毅力、伟大的事业。一个人追求的目标越实际、越远大,其才能也就发现得越快,对社会的贡献也就越多。

目标的魅力

哈佛大学心理研究所的怀特博士，对3000名美国中学生进行过一次将来上什么样大学的调查。他发现，只有6%的学生确定了上一流名牌大学的目标，并知道怎样有计划地认真学习，以实现自己的目标，而另外94%的学生，要么根本没有志愿，要么志愿不确定，要么不知道怎样去实现志愿……10年之后，对上述对象又进行了一次调查，结果令人吃惊：在原来的调查对象中，5%的学生已经找不到了，95%的学生还能找到。属于上次调查中那94%范围内的学生，除了年龄增长10岁以外，在学习和实际工作成就方面几乎都没有太大的起色，比较普通和平庸；而属于上次调查中那6%范围内的学生，却几乎个个都如愿以偿，上了名牌大学，并在各自的领域里都取得了相当的成功。

哈佛大学心理研究所的怀特博士的调查说明，在事业开始的时候，懂得确立一个实际又远大的目标，绝对是至关重要的。实际又远大的目标是一种动力，可以促使人们自强不息地不断前进。历史证明，没有大到不可能完成的目标，也没有小到不值得确立的目标。只有朝着实际又远大的目标行动，内心的力量、满腔的热血，才会找到方向，才会产生责任感、使命感和荣誉感，才会为成功实现实际又远大的目标而奋力拼搏。

实际又远大的目标，应该是一个目标体系，是远期、中期和近期目标的有机结合，是大目标、中目标和小目标的有机结合。有了这个目标体系，学习、工作和生活的每一件小事都会变得充满生机与活力，因为前面那实际又远大的目标始终在微笑着向奋力拼搏者招手。

1984年，在东京国际马拉松邀请赛中，名不见经传的日本选手山田本一出人意料地夺得了世界冠军。当记者问他凭什么取得如此惊人的成绩时，他说了这么一句话：凭智慧战胜对手。

当时许多人都认为，这个偶然跑到前面的矮个子选手实在是有些故弄玄虚。马拉松是体力和耐力的运动，爆发力和速度都还在其次。只要有超常的体力和耐力，就有望夺冠，说用智慧取胜确实有点勉强。

两年后，意大利国际马拉松邀请赛在意大利北部城市米兰举行，山田本一代表日本参加比赛。这一次，他又获得了世界冠军。

记者又请他谈谈经验与体会。山田本一性情木讷，不善言谈，回答的仍是上次那句话：用智慧战胜对手。这回记者在报纸上没再挖苦他，但对他的回答依然迷惑不解。

10年后，这个谜终于被解开了。他在自传中是这么说的：每次比赛前，我都要乘车把比赛的线路仔细地看一遍，并把沿途比较醒目的标志画下来，比如第一个标志是银行，第二个标志是一棵大树，第三个标志是一座红房子……这样一直画到赛程的终点。比赛开始后，我就以百米的速度奋力地向第一个目标冲去，等到达第一个目标后，我又以同样的速度向第二个目标冲去。40多千米的赛程，就被我分解成这么几个小目标轻松地跑完了。起初，我并不懂这样的道理。我把我的目标定在40多千米外终点线上的那面旗帜上，结果我跑到十几千米时就疲惫不堪了，我被前面那段遥远的路程给吓倒了。

　　山田本一深有感触地概括了目标的魅力：

　　有很多人的失败，其原因并不在于前进道路上的艰难，而在于没有科学地确立实际又远大的目标。

　　还有很多人的半途而废、前功尽弃，其原因并不在于没有实际又远大的目标，而在于没有科学地分解那实际又远大的目标。

　　伟大的动力是由伟大的目标而产生的。一个人追求的目标越实际、越远大，其才能也就发展得越快，对社会的贡献也就越多。

命运因目标而改变

美国加利福尼亚大学的学者做了下面这样一个实验。

把6只猴子分别放在3间空房子里,每间放两只,房子里分别摆放着一定数量的食物,但食物位置的高度不一样。

第一间房子里的食物就放在地上。

第二间房子里的食物悬挂在房顶。

第三间房子里的食物分别从低到高、从易到难悬挂在不同高度的适当位置上。

观察数日后,学者发现:

第一间房子里的两只猴子一死一伤。受伤的猴子缺了耳朵、断了腿,奄奄一息。

第二间房子里的两只猴子都死了。

第三间房子里的两只猴子都活得朝气蓬勃。

究其原因,学者认为:

第一间房子里的两只猴子一进房间就看到了地上的食物,于是,为了争夺唾手可得的食物而大动干戈,结果伤的伤,死的死。

第二间房子里的两只猴子虽然尽了最大的努力,但因食物太高,难度过大,竭尽全力也够不着,最后都活活被饿死了。

第三间房子里的两只猴子先是凭着各自的本能蹦跳取食,然后在房间跑对角线增加助跑距离跳跃取食，最后，随着悬挂食物高度的增加，难度的增大，两只猴子协作互助，一只猴子托着另一只猴子跳起来取食。这样，它们每天都能拿到够吃的食物，都很好地活了下来。

总而言之，这些猴子的不同命运，可以说是食物摆放位置不同的结果。

人当然不同于猴子，但是这个实验很有启示，特别是对管理者或领导者的启示更大。那每间房子里分别摆放的位置高度不同的食物，就好比管理者或领导者所设定的工作目标。

目标太低了，如同第一间房子里的食物，每个人不费力气都可以得到，体现不出能力与水平的差别，不仅识别不出庸才，选拔不出人才，而且成了滋生内耗、争斗，甚至残杀的温床。其结果，无异于第一间房子里的两只猴子的命运。

目标太高了，如同第二间房子里的食物，可望而不可即，努力也是白费劲，不仅良莠不分，而且埋没、扼杀了人才。其结果，无异于第二间房子里的两只猴子的命运。

目标高低适度，如同第三间房子里的食物，能充分发挥出人的潜能和智慧，既竞争又合作，克服困难，共渡难关。其结果，相当于第三间房子里两只猴子的命运。

无论是对个人，还是对团体，制订合理、适度的目标，都是事关命运的大事。

追求超越

柏林是美国历史上著名的作曲家之一。在他刚出道的时候，一个月只能赚120美元。而当时的奥特雷在音乐界早已是大名鼎鼎，如日中天。

一流人才能够识别一流人才。奥特雷非常欣赏柏林的才能，于是问柏林："你愿意不愿意做我的秘书，薪水在800美元左右。"

紧接着，奥特雷又开诚布公地告诉他："如果你接受的话，就只能成为一个二流的奥特雷；如果你坚持不懈地努力，总有一天会成为一个一流的柏林。"

柏林面临着人生与事业的重大选择，面临着在一流与二流之间的重大选择。如果选择二流，可以说是背靠大树好乘凉，能够生活得既很舒适又很滋润；如果选择一流，那将投入到刻苦的奋斗、顽强的拼搏与激烈的竞争之中。

鱼和熊掌不可兼得。称心如意的二中取一的选择，实际上是根本不存在的。柏林思之再三，决定选择一流，选择"成为一个一流的柏林"。

一个人为之奋斗的目标越高、越实际，他的潜能挖掘得就会越充分，他的才能就会发展得越迅速，他对社会的贡献也就会越大。后来，柏林经过艰难的跋涉，如愿以偿地"成为一个一流的柏林"，成为那一时代美国最著名的作曲家之一。

恽寿平是清代最负盛名的画家之一。他早期一直潜心画山水,并已达到了很高的境界。但是,一次偶然的机会,他看到了王石谷所作的山水画之后,自叹弗如,深知自己就是再努力几十年,也很难超过王石谷。于是,他毅然放弃了画山水,改为专攻花卉,最终成为我国花卉画派的一代宗师。

凡是在激烈竞争中出类拔萃、脱颖而出的强者,无一不是敢于选择一流、敢于选择第一、敢于追求超越的勇者。

没有人不能成才

德国著名化学家奥斯瓦尔德读中学的时候,父母为其选择了一条侧重学习文学的道路,但经验丰富的老师不同意他们的选择,诚恳地说:"他很用功,也很仔细,但过于拘泥,缺少浪漫,这样的人即使有很完美的品德,也很难在文学上有所建树。"

后来,父母充分尊重了儿子的选择,让他改学油画,但他既不善于构思,也不善于润色,更缺乏对艺术的理解力,成绩在班上经常倒数第一。老师对他的评语简短而严厉:"你在绘画艺术上是不可造就之才。"

父母和奥斯瓦尔德并未气馁,主动到学校征求意见。化学老师根据他做事一丝不苟、精益求精的优势,建议他侧重学习化学。

这位在文学、绘画艺术上的"不可造就之才",一下子被化学点燃了智慧的火花。奥斯瓦尔德在化学方面表现出了非凡的才能,成为公认的"前程远大的高才生"。

1909年,奥斯瓦尔德获得诺贝尔化学奖,成为举世瞩目的科学家。

鲁迅年轻时曾远渡重洋留学日本学医,以实现他救国救民的抱负,但他回国后发现在旧中国学医救不了国民,于是毅然改医从文,终于成为一代文学大师。

诗人艾青年轻时曾在国立西湖艺术学院学习绘画，但当他的第一首诗发表以后，认识到自己的修养和气质更适合于文学创作，于是调整学习目标，专心从事诗歌创作，终于成为著名的诗人。

俄国著名的男低音歌唱家夏里亚宾与奥斯瓦尔德、鲁迅、艾青不同，他没有在遇到挫折时改变自己的努力方向和奋斗目标，但也同样获得了成功。

夏里亚宾15岁时，到喀山市报考一家剧院的合唱队。在试唱时，因嗓子有点嘶哑，尽管他竭尽全力地演唱，但仍然未被录取。可是夏里亚宾经过坚持不懈地刻苦努力，若干年后终于成为一位赫赫有名的歌唱家。

夏里亚宾在成名之后结识了高尔基，跟他谈起自己年轻时考一家剧院的合唱队未被录取的往事。高尔基听后乐得前仰后合，这让夏里亚宾难以理解。原来，就在那个时候，高尔基也报考过这家剧院的合唱队……居然被接受了。但是，高尔基很快就发现，他的长处和志向不在唱歌，便毅然地离开了。

无论是将奋斗目标由不科学调整到科学，还是在挫折后坚持自己正确的奋斗目标，对于成功都是至关重要的大事。没有正确的奋斗目标，就好比在黑暗中远征。不管是谁，只要为正确的奋斗目标而坚持不懈地努力，都可以获得成功。

没有人没有价值。宝贝放错了地方就会变成废物，废物放对了地方就会变成宝贝。同样，人才放错了地方就会变成"不可造就之才"，"不可造就之才"放对了地方就会变成人才。

没有人不能成才。骏马能历险，犁田不如牛。坚车能载重，渡河不如舟。舍长以求短，足智难为谋。成才贵适用，慎勿多苛求。

每个人都有成功的位置

迈克在读书求学期间,一直遭遇失败与冷落。高中未毕业时,校长对他的母亲说:"迈克或许并不适合读书,他的理解能力差得让人无法接受,甚至弄不懂两位数以上的计算。"

母亲很伤心,她把迈克领回家,决心靠自己的力量把他培养成才。可是迈克对读书并不感兴趣,为了安慰母亲,他也试着努力学习,但是不行,无论如何也记不住那些需要记住的知识。

一天,当迈克路过一家正在装修的超市时,发现有一个人正在超市门前雕刻一件艺术品。迈克产生了兴趣,凑上前去,好奇而又用心地观赏起来。

不久,母亲发现迈克只要看到什么材料,包括木头、石头等,必定会认真而仔细地按照自己的想法去打磨和塑造,直到它的形状让他满意为止。母亲很着急,她不希望迈克因玩弄这些东西而耽误学习。迈克不得不听从母亲的管教继续读书,但同时又从不放弃自己的爱好。他一直在冥思苦想,怎样才能雕刻得精益求精。

迈克最终还是让母亲彻底失望了,没有一所大学肯录取他,哪怕是本地并不出名的学院。母亲对迈克说:"你走自己的路吧,因为你已长大了!"

迈克知道,在母亲的眼中,他是一个彻底的失败者。他很难过，决定远走他乡去寻找自己的事业。

许多年后，市政府为了纪念一位名人，决定在市政府门前的广场上放置这位名人的雕像。众多的雕塑大师纷纷献上自己的作品，以期望自己的名字能与名人联系在一起，这无疑是成功的难得机会。

后来，一位远道而来的雕塑大师获得了市政府及专家的公认。在开幕式上，这位雕塑大师说："我就是在这个城市长大的。我想把这座雕塑献给我的母亲，因为我读书时没有获得她期望中的成功，我的失败令她伤心失望。现在我要告诉母亲，虽然大学里没有我的位置，但我在生活中找到了自己的位置，而且是一个成功的位置。我想对母亲说的是，希望今天的我至少不会让她再次失望。"

这个人，就是迈克。在人群中，迈克的母亲喜极而泣。她高兴地说："宝贝放错了位置就是废物，废物放对了位置就是宝贝。迈克并不笨，只是当年我没有把他放对位置而已。"

天生每人必有用，生活中为每个人都预留了他的成功位置。我们千万不要在人生的旅途上走错路，迷失自己的成功位置。

做最好的一名

那年到广州听成功学的系列讲座,王老师讲课的题目是:如何鼓励下属成功。他先给我们讲了一个故事:

有一天,一个士兵给拿破仑送信,由于马跑的速度太快、时间太久,在眼看到达目的地之时猛跌了一跤,那马一命呜呼,再也没站起来。

拿破仑看过信后,立刻写了回信,交给那个士兵,催促他骑上自己的战马,赶紧把回信送出去。

士兵看到那匹强壮的骏马身上装饰得华丽无比,便对拿破仑说:"不,将军,我仅仅是一个普通的士兵,实在不配骑这匹漂亮强壮的骏马。"

王老师讲到这里就停了下来,让学员们猜猜拿破仑将如何回答。

有的学员说:"拿破仑可能会让他立刻执行命令,因为军人应以服从命令为天职。"

有的学员说:"拿破仑可能会向他说明回信的重要,甚至关系到战争的胜负、军队的存亡。"

后面发言的学员讲的也都差不多。

王老师摇了摇头说:"拿破仑斩钉截铁地回答道:'世界上没有一样东西是法兰西士兵所不配享用的。'拿破仑没有打任何官腔,那平等、亲切的人情味,让那个士兵深受感动,并彻底抛弃了自卑自贱的想法,像个伟大人物那样跃马奔驰,又一次出色地完成了任务。后来,那个士兵成为一名优秀的军官。"

接下来,王老师又给我们讲了一个故事:

二次世界大战后期,盟军准备发动一次大的进攻。一天傍晚,盟军统帅艾森豪威尔来到莱茵河畔散步,看见一个神情沮丧的青年士兵迎面走来。艾森豪威尔打招呼道:"你还好吗,孩子?"

那青年士兵回答:"我烦得要命!"

王老师讲到这里又停了下来,让学员们猜猜艾森豪威尔将如何回答。

有的学员说:"他是盟军统帅,一定会说:战争就要打响,你为什么萎靡不振?"

有的学员说:"你沮丧什么?军人应当视死如归,而不应该贪生怕死!"

后面发言的学员说的也都差不多。

王老师又摇了摇头:"艾森豪威尔说:'嗨,你跟我真是难兄难弟,因为我也心烦得很。这样吧,我们一起散步,一起探讨如何打赢这次进攻,这对你我都会有好处。'士兵为有这样同呼吸、共命运的统帅而振奋。后来,那个士兵在战场上表现得十分英勇,多次立功。"

为了进一步阐述如何鼓励下属成功的一个观点,王老师读了道格拉斯·马拉奇的一段小诗:

……

我们不能全是船长,必须有人去当水手。

每个岗位有许多事等待我们去做,

有大事，有小事，
但最重要的是做好我们身旁的事。
如果你不能成为大道，那就当一条小路；
如果你不能做太阳，那就做一颗星星。
不能凭大小高低来断定你的输赢，
不论你做什么，都要争做最好的一名。

最后，王老师用计算机在字幕上敲下了这样的话，作为如何鼓励下属成功这一课的总结：

"要以平等的身份和榜样的力量让下属懂得，自信是成功的第一把钥匙。权力大小和职位高低不是断定一个人价值和前途的根本标准。不论做什么工作，最重要的是敢于超越自我，全力做好身边的事，全力争做最好的一名。"

自己打造品牌

帕格尼尼出生在亚平宁岛上的一个贫穷的家庭。他的父亲酷爱音乐，从帕格尼尼5岁起就教他拉小提琴，并且从未间断过。

帕格尼尼6岁那年的一天早晨，他的父亲决定让哥哥陪着他到街上去卖艺挣钱。就这样，帕格尼尼开始了他的卖艺生涯。

他站在街头店铺的门口，拿出了小提琴，琴弓在琴弦上轻快地跳跃着。人们渐渐地围拢过来，听他的演奏。周围的人都听呆了，当琴声在高亢激越声中突然停止时，人群中响起了热烈的掌声。这时，哥哥手中帽子里的钱一下子多了起来。

在街头卖艺整整三年以后，帕格尼尼已经是一名出色的小提琴手了。

一天，热那亚音乐厅的老板在街头发现了帕格尼尼，便邀请他与两个著名歌唱家同台演出。

帕格尼尼为这次演出做了精心的准备，反复练习，熟练到万无一失的程度。

音乐会开幕了。

歌唱家美妙的歌声赢得了满堂喝彩，帕格尼尼受到很大鼓舞，心想："我也要像歌唱家那样赢得观众。"

当大厅安静下来以后，身穿黑丝绒礼服和白丝绸衬衣的帕格尼尼从容登场。他向观众深深鞠了一躬，然后开始演奏用法国军歌《卡马尼奥拉》改编的变奏曲，时而高昂，时而雄壮，时而细腻，时而轻捷。这优美动听的琴声，使听众如醉如痴。

乐曲结束时，大厅里腾起了雷鸣般的掌声和喝彩声。帕格尼尼一再谢幕，观众就是不答应，直到他返回前台把这首激动人心的乐曲又演奏了一遍，才在欢呼声中退场。从此，帕格尼尼在热那亚誉满全城。

一天，他的朋友告诉他一个具有挑战性的好消息，有一个叫帕西尼的老人，写了一部很难演奏的乐谱，并郑重承诺：

无论是谁，只要看到乐谱就能准确地演奏，就将得到他珍藏的宝物——一把斯特拉德小提琴。这把小提琴是以制琴师的名字命名的，是世界上最名贵的小提琴之一。

帕格尼尼听到这个消息，决定去试试。帕西尼目光严厉、神态慈祥，递给帕格尼尼一本乐谱，满怀期望地说："你一边看一边拉，但最好不要出一点差错。试试吧，年轻人！"

帕格尼尼接过乐谱，调好琴弦，深深地吸了口气，琴弓一挥，乐声便像流水一般流淌出来，一页又一页，直到准确无误地全部演奏完毕。

"奇迹！天才！"帕西尼紧紧握着帕格尼尼的手，惊叹不已。接着，他让仆人把斯特拉德琴拿来，亲自送给了帕格尼尼。从此，帕格尼尼在意大利便成为家喻户晓的明星。

后来，奥地利王子邀请他到音乐之都维也纳去演出。维也纳的许多市民走上街头欢迎他，他的演出获得了很大成功。

帕格尼尼用小提琴征服了意大利、奥地利、德意志、英格兰。接着，他要去世界艺术之都——巴黎，到世界最高的音乐殿堂去演出。

在巴黎歌剧院，帕格尼尼的琴声响起了，听众陶醉在迷人的

音乐声中,全场一片惊叹:

"小提琴居然能演奏出这样美妙的声音!"

"我从没听过小提琴表现出如此悲伤和快乐的情感!"

当演奏到乐曲的第二部分时,突然"砰"的一声,帕格尼尼的小提琴断了一根弦,观众不禁为之惋惜、惊慌。

只见帕格尼尼从容地向指挥点了点头,乐曲几乎没有停顿地进行下去,依然像在四根弦上演奏一样。当这支曲子快要结束时,更加意外的事情发生了:第二根和第三根弦也相继断了。观众惊呆了,但帕格尼尼在仅剩的一根弦上圆满地结束了演奏。

"帕格尼尼万岁!"

热情的观众沸腾了,鼓掌、欢呼、叫喊、跺脚,一束又一束鲜花抛向舞台,所有的观众都站起来,向这位无与伦比的弦乐大师表示敬意。从此,"万岁大师"成了人们对帕格尼尼的尊称。

"万岁大师"在晚年写了一本回忆录,书名是《从街头艺人到万岁大师》。在书的扉页,他献给读者这样的话:"父母给你姓名,自己打造品牌。只要不懈地努力,任何平庸的名字都可能成为响亮的品牌。"

什么都可以争取

1945年8月31日,伊扎克·帕尔曼出生于以色列的特拉维夫市。他是一个波兰籍犹太人的儿子,4岁时不幸患小儿麻痹症,致使双腿残废。

1950年,5岁的帕尔曼进入特拉维夫舒拉米特音乐学校学小提琴,踏上了漫漫求索的艺术之旅。这位双腿残疾的攀登者,以顽强的毅力、惊人的刻苦和对音乐艺术的满腔热忱,克服了常人难以想象的困难,每隔几年就进一大步,登上了一座又一座让全世界瞩目的艺术高峰,留下了一个又一个闪光的足迹。

10岁的帕尔曼于美国电台举行了个人音乐会。

13岁的帕尔曼被选入"以色列天才儿童表演团",到美国演出受到著名小提琴家斯特恩的赏识,并得到"以美基金会"的奖学金,进入美国著名的音乐学府——茱莉亚音乐学院深造,师从加拉米安和多罗西·狄蕾。

18岁的帕尔曼在卡内基音乐厅举行首次独奏会,获得成功。

1964年3月,19岁的帕尔曼参加了世界著名的"利文特里特"国际小提琴比赛,以精湛的技艺获得了最高奖,被人们称作"小提琴王子"。从此,帕尔曼经常与世界著名的管弦乐团合作,频频出现在独奏会或音乐节的舞台上。

他长期与EMI公司合作,录音涵盖了从巴洛克时期到现代的作品，最为出色的是帕格尼尼、维厄当、维尼亚夫斯基和戈德马克的作品，以及巴赫的《6首独奏奏鸣曲和帕蒂塔》。他和钢琴家阿什肯纳齐是非常好的合作伙伴，他们合作的贝多芬、布拉姆斯小提琴奏鸣曲，一直是乐迷们非常欣赏的版本。他还和很多世界顶尖的音乐家合作，包括大提琴家马友友、男高音歌唱家多明戈等。他每年都要在美国、欧洲和东南亚举行百场以上音乐会。他还以指挥兼独奏家的身份同芝加哥交响乐团、费城交响乐团、波士顿交响乐团、以色列爱乐乐团和英国室内乐团等著名乐团有过合作。

帕尔曼被称为"以色列的音乐大使"。1987年11月，他加入以色列爱乐乐团，赴华沙和布达佩斯公演，展示了东方独奏家的最高水准。1990年4月，他和以色列爱乐乐团一起首次赴苏联演出。1994年10月，以色列与中国建交后不久，他和以色列爱乐乐团来北京、上海演出。当时盛况空前，中国听众被他精湛的技巧所征服。一些还没有与以色列建立外交关系的国家，常常是从接受帕尔曼的访问演出开始，然后同以色列发展进一步的联系。

帕尔曼还是一位热情的教师，把很大一部分精力投入到对下一代音乐家的教育之中。从1999年开始，帕尔曼在茱莉亚音乐学院任教，给从11岁到18岁不等的年轻人提供最高层次的音乐指导。

身为一个残疾人，帕尔曼非常关心残疾人事业。现在，他是"美国国际残疾人善后组织"成员。他用自己的钱，在纽约和哈瓦那等地筹建了残疾儿童医院。

众多的媒体对帕尔曼的艺术成就和高尚人格给予了高度的关注。1980年4月，《新闻周刊》把他作为封面人物进行报道。

1981年,《美国音乐杂志》把他作为年度最佳音乐家刊发在该杂志的封面上。包括美国的哈佛大学、耶鲁大学等在内的著名大学,相继授予帕尔曼荣誉学位。他随以色列爱乐乐团赴苏联演出的历史纪录片《帕尔曼在苏联》,被誉为媒体界的荣耀。1995年,他被评为EMI公司的"年度最佳艺术家",这一年恰好也是他50岁生日。2000年1月,他被任命为底特律交响乐团的首席客座指挥。2002年4月21日,他成为美国古典音乐名人堂的成员。在帕尔曼引以自豪的成就中,有一项是与著名电影音乐作曲家约翰·威廉斯的合作,即在众所周知的著名电影《辛德勒的名单》中,电影主题曲和插曲是由帕尔曼担当小提琴演奏的,该片和该片的音乐同时获得了奥斯卡奖项。帕尔曼已经获得了4次艾米大奖、15项格莱美音乐奖。特别值得一提的是:1986年,美国总统里根授予帕尔曼"自由勋章";2000年,美国总统克林顿向帕尔曼颁发了"国家艺术勋章";2003年12月8日,美国总统布什向帕尔曼颁发了"国家艺术奖",成为获此殊荣的五位艺术偶像之一。

  双腿残疾的帕尔曼为什么会获得如此巨大的成功?这个问题引起了许多成功学专家的兴趣。

  有一次,一位残疾妇女见到帕尔曼之后,感慨万千地说:"见到你没有自暴自弃,我太羡慕你了。"帕尔曼却幽默地回答说:"太太,我的'麻痹症'仅仅是在腿上。只要我们拥有生命,就什么都可以争取。"

  帕尔曼的回答,使一位研究他的成功学专家有感而发,写下了这样一首诠释其成功原因的小诗:

  世界是如此的美丽,让我们把生命珍惜。一天又一天,一年又一年,为了爱我们的人,也为了我们自己。只要我们拥有生命,就什么都可以争取。

追求就会接近

美国的心理学家曾做过这样的实验,即把篮球运动基础大体相同的学生分成三组,进行不同方式的投篮技巧训练:

第一组学生坚持在20天内每天练习投篮,并把第一天和最后一天的投篮成绩记录下来,中间的练习不提任何要求,顺其自然。

第二组学生也记录下第一天和第20天练习投篮的成绩,但在此期间不再做任何投篮练习。

第三组学生记录下第一天的投篮成绩,然后每天花20分钟做想象中的投篮。如果投篮不中时,他们便在想象中做出相应的纠正。

实验结果令人吃惊:第二组的投篮进球率没有丝毫长进;第一组的进球率增加了24%;第三组的进球率增加了26%。

与投篮实验相近,英国的一些社会学家对上万人的成功原因进行了调查,结果显示:在决定一个人成为成功者的重要因素中,80%属于个人的"态度"等主观因素,只有7%属于运气、机遇、环境、时间、天赋、背景等所谓的客观因素。正是在这个意义上,他们的调查结论是:成功主要是因为态度!

他们还认为,能否驾驭客观因素,是由人们对待客观因素的态度等主观因素以及把握客观因素的技巧决定的。所以在这个意义上,他们为了强调态度等主观因素的重要,便得出了进一步的调查结论:成功100%都是因为态度!

上面实验和调查的结论,可以用下面的话来表达:

有什么样的期望,就会有什么样的信念;

有什么样的信念,就会有什么样的态度;

有什么样的态度,就会有什么样的行为;

有什么样的行为,就会有什么样的结果。

上面实验和调查的结论,也可以用下面的话倒过来来表达:

要想结果变得更好,先要让行为变得更好;

要想行为变得更好,先要让态度变得更好;

要想态度变得更好,先要让信念变得更好;

要想信念变得更好,先要让期望变得更好。

总之,只要在客观许可的范围内,追求成为什么样的人,就会接近成为什么样的人,甚至就会成为什么样的人。

成功的道路是目标铺出来的

心理学家曾经做过这样一个实验：

心理学家组织三组人，让他们分别向着10千米以外的三个村子进发。

第一组的人既不知道村庄的名字，又不知道路程有多远，只告诉他们跟着向导走就行了。刚走出两三千米，就开始有人叫苦；走到一半的时候，有人几乎愤怒了。他们抱怨为什么要走这么远，何时才能走到头，有人甚至坐在路边不愿走了。越往后走，他们的情绪也就越低落。

第二组的人知道村庄的名字和路程有多远，但路边没有里程碑，只能凭经验来估计行程的时间和距离。走到一半的时候，大多数人想知道已经走了多远。比较有经验的人说："大概走了一半的路程。"于是，大家又簇拥着继续向前走。当走到全程的四分之三的时候，大家情绪开始低落，觉得疲惫不堪，而路程似乎还有很长。当有人说："快到了！快到了！"大家又振作起来，加快了行进的步伐。

第三组的人不仅知道村子的名字、路程，而且公路旁每一千米就有一块里程碑。人们边走边看里程碑，每缩短一千米大家便有一小阵的快乐。行进中他们用歌声和笑声来消除疲劳，情绪一直很高涨，所以很快就到达了目的地。

心理学家得出了这样的结论：当人们的行动有了明确目标的时候，并能把自己的行动与目标不断加以对照，进而清楚地知道自己的进行速度和与目标之间的距离，人们行动的动机就会得到维持和加强，就会自觉地克服一切困难，努力达到目标。

这使人联想到罗斯福总统的夫人与萨尔洛夫将军的一次对话。

罗斯福总统的夫人在本宁顿学院念书的时候，打算在电讯业找一份工作，以补助生活。她的父亲为她引见了自己的一个老朋友——当时担任美国无线电公司董事长的萨尔洛夫将军。

将军热情地接待了她，并认真地问："想做哪一份工作？"

她回答说："随便吧。"

将军神情严肃地对她说："没有任何一类工作叫'随便'。"

片刻之后，将军目光逼人，以长辈的口吻提醒她说："成功的道路是目标铺出来的。"

如果将心理学家的结论用萨尔洛夫将军的语言来表达，那就是："成功的道路是目标铺出来的。"

如果人生没有目标，就好比在黑暗中远征。人生要有目标，一辈子的目标，一个时期的目标，一个阶段的目标，一个年度的目标，一个月份的目标，一个星期的目标，一天的目标……一个人追求的目标越高，他进步得就越快，对社会也就越有益。有了崇高的目标，只要矢志不渝地努力，就会成为壮举。

如果将心理学家的结论用哲人的语言来表达，那就是："伟大的目标构成伟大的心灵，伟大的目标产生伟大的动力，伟大的目标形成伟大的人物。"

如果失去了目标

在雪地里行军是件有危险的事，因为它极易使人得雪盲症，以致迷失行进的方向。

起初人们认为，患雪盲症的根本原因是雪的反光太刺眼。可后来人们产生了疑问：若仅仅是因为雪的反光太刺眼，为什么戴上墨镜之后，雪盲症仍然不可避免呢？

后来，美国陆军的研究部门得出了新的结论：导致雪盲症的根本原因并不是雪的反光太刺眼，而是因为除了银白色的世界之外空无一物。

科学家解释说，人的眼睛其实总在不知疲倦地探索世界，从一个落点到另一个落点。要是长时间连续搜索而找不到任何一个落点，它就会因紧张而导致失明。

现在，美国陆军找到了防止发生雪盲症的办法：派先驱部队摇落常青灌木上的雪。这样，在一望无垠的白雪世界中，便出现了一丛丛、一簇簇的绿色景观，搜索的目光便有了一个又一个的落点。

在很多情况下，失去目标都是危险的。眼睛如果失去了搜索的目标，就会失去光明；轮船如果失去了前进的目标，就会偏离航线；奋斗如果失去了明确的目标，就会迷失方向；心灵如果失去了追求的目标，就会丧失自我。

有目标的人与没目标的人不同,即使在纷纭多变的复杂环境中,也不会迷失,即使走得慢,也比徘徊的人要快。雨果说得好:"进步,意味着目标不断前移,阶段不断更新。他的视野总是不断变化的。"

希望的力量

在马来西亚的一个国际心理学会议上,一位英国心理学家介绍了他做过的大白鼠求生实验。

将两只强壮的大白鼠丢入一个装了水的器皿中,它们拼命地挣扎求生,能维持的时间为 8 分钟左右。

然后,将另外两只不太强壮的大白鼠丢入同一个装了水的器皿中,它们也拼命地挣扎求生,但体能较差,能维持的时间为 5 分钟左右。

但是,当眼看这两只不太强壮的大白鼠奄奄一息的时候,立刻放入一个可以让它们爬出器皿的跳板,结果这两只大白鼠都活了下来。

若干天后,再将这两只大难不死的大白鼠放入同样的器皿里做同样的实验,结果真的令人吃惊:两只大白鼠竟然可以坚持到 24 分钟,比最初能坚持的时间多了 19 分钟,接近原来的 5 倍。也是在这两只大白鼠奄奄一息的时候,又立刻放入一个可以让它们爬出器皿的跳板,结果这两只大白鼠又都活了下来。

人们不禁会问:同样是这两只大白鼠,为什么大难不死之前只能坚持 5 分钟,而大难不死之后竟能坚持 24 分钟?

这位心理学家解释说:因为这两只大白鼠在没有逃生经验之前,只能凭自己的体力来挣扎求生,而有了逃生经验之后,大白鼠却多了一种精神的力量，希望在某一个时刻放下来一个跳板能再次救它们出去。它们的这种精神力量，这种积极的心态，这种内心对一个好结果的希望，正是它们能够坚持更长时间的根本原因。

希望不仅能使濒临绝境的大白鼠起死回生，而且也能使濒临绝境的人起死回生。请想一想，是什么力量使一个因船难而落水的水手，在看不到陆地的情况下，赤手空拳地在海洋里挣扎？是希望，是对生存的希望，是只要有一口气就抱有的希望。如果没有了希望，也就没有了奋斗、坚持和拼搏。希望之灯一旦熄灭，生活将变得一片黑暗。希望是生命的灵魂，是心灵的灯塔，是成功的向导，是支撑一切的精神力量。

目标决定成为什么样的人

有一位从安徽乞讨来到沈阳的壮年人,与我见到的其他的乞丐不同。他稍稍站稳了脚跟,就告别了乞讨的生涯,开始在我们小区的两个垃圾箱捡破烂为生。他很勤快,简直像社区的保洁员,每天把垃圾箱周围打扫得干干净净,还天天义务打扫小区的卫生。他很乐观,爱哼小曲,偶尔喝点啤酒。他很和气,见到我们小区的人总是主动打招呼。时间长了,小区的人对他都有好感。物业管理的人看他是个帮手,还为他腾出了一间闲置的旧仓库,让他住。

有一天我问他:"对将来的生活有什么打算?"

他说:"沈阳人瞧不起收破烂的行当,都是外地人干,将来我想当个老板。"

每个人的命运都是可以改变的,自然包括乞讨。一年后,他真当上了老板,尽管这还不是真正意义上的老板。他不再只守着两个垃圾箱,而是推着一辆"倒骑驴",走街串巷收起了破烂。又过了一年,他竟然把老家的儿子和侄儿带到了沈阳,三个人三辆车,兵强马壮。每天晚上,他们都汗流浃背地分类整理收来的各种废品,简直像个小收购点。

我请他到家收破烂的时候,发自内心地赞叹道:"真成了老板啦!"

他一本正经地说:"我开始时的目标就是攒1000元,有了这些本钱,就可以从捡破烂的变成收破烂的。后来,我的目标就越干越高了,用不了几年,我就能发展到有十来个人……"

他的话,让我想到了下面两个关于乞丐成功的实验。

以色列的一位行为学家,在年轻的乞丐中搞了一次施舍活动。施舍物有三种:约合100美元的400新谢克尔、一套西装和一盆蒲公英。这位行为学家对乞丐的接受情况进行了统计,结果显示:近90%的乞丐要了400新谢克尔,近10%的乞丐要了西装,只有百分之零点几的乞丐要了蒲公英。

10年后,这位行为学家对当初接受施舍的乞丐进行了跟踪调查,结果是:要新谢克尔的乞丐,基本仍以乞讨为生;要西装的乞丐,却大部分成了蓝领或白领;而要蒲公英的乞丐,几乎全成了富翁。

针对这令众人迷惑的结果,行为学家做出了如下的解释:

要新谢克尔的乞丐,心中追求的目标是不劳而获,结果只能是继续过着乞丐的生涯。

要西装的乞丐,心中追求的目标是改变,哪怕是稍微改变一下自己的形象。正因为他们有了追求改变的目标,才使自己由乞丐变成了蓝领或白领。

要蒲公英的乞丐,心中追求的目标是像蒲公英一样完成生命的使命。这种蒲公英原产于地中海东部的沙漠中,不像一般的植物那样,按季节展示自己的生命。如果没有雨,它们一生一世都不会开花。但是,只要有一场小雨,哪怕是一场很小的雨,也不论这场雨是在什么时候落下,它们都会抓住这难得的机遇,迅速绽放自己的花朵,并在雨水蒸发干之前,做完受孕、结子、传播等所有生命中的大事。

据说，以色列人常把这种蒲公英送给拥有明确追求目标的穷人。他们认为，在这个世界上，穷人就像沙漠里的蒲公英一样，发展自己的机会实在是太少太少。但只要拥有蒲公英一样的品格，在机会来临之际能果断地抓住，努力实现自己追求的目标，穷人会成为一个富裕和了不起的人。

行为学家通过这个实验得出了这样的结论：如果不放弃追求新生活的目标，而且能够珍惜任何一个很小的机遇，即使像乞丐一样的落魄命运，也照样能够改变。

无独有偶，美国心理学家曾雇佣一群学生，也做了乞讨如何才能成功的实验。他让请来的学生扮成乞丐，实验的第一阶段，让学生乞讨时不提任何要求，只是被动接受，结果成功率只有44%；实验的第二阶段，让学生提出明确的要求，比如要25美分面值的硬币，结果有70%的人会慷慨解囊。后者比前者的成功率竟然提高了26%。

心理学家通过这个实验得出了这样的结论：乞讨的目标越具体明确，就越不会被拒绝，也就越容易成功。

生活中的很多真人真事和上面这两个实验都可以说明，一个人追求的目标，往往能决定其成为什么样的人，因为目标引领人生，首要的是选准目标。对乞丐是这样，对所有的人也莫不如此。

不满是向上的车轮

1940年11月,李小龙出生在美国的三藩市。因为父亲是演员,所以他从小就有不少跑龙套的机会,并逐渐产生了当演员的梦想。由于身体太弱,父亲没让他学表演,而是让他拜师学武。

1961年,他考入华盛顿州立大学主修哲学。后来,他结婚生子,但内心深处时刻也没有放弃当演员的梦想。

有一天,他与一位朋友谈到梦想时,随手在一张便笺上写下了这样的人生目标:

"我,李小龙,将会成为全国最高薪酬的超级巨星。作为回报,我将奉献出最激动人心、最具震撼力的演出。从1970年起,我将会赢得世界性声誉;到1980年,我将拥有100万美元的财富,那时候我及家人将会过上愉快和谐、幸福的生活。"

在写下这张便笺的时候,他的生活处于穷困潦倒的状态,根本看不出有任何好转的迹象。不难想象,如果这张便笺当时被众人看到,一定会引来不少的疑惑,甚至嘲笑。

然而,他把这些话铭记在心。为了实现梦想,他克服了常人难以克服的无数困难。他曾因脊椎神经受伤,在床上躺了4个月,但后来却奇迹般地站了起来。

1971年,他主演的《猛虎过江》等几部电影都刷新了香港的票房纪录。1972年,他主演了香港嘉禾公司与美国华纳公司合作的《龙争虎斗》。这部电影使他成为一名国际巨星,被誉为"功夫之王"。1973年7月,事业刚刚步入巅峰状态的他,不幸突然因病身亡。

在美国加州举行的李小龙遗物拍卖会上,这张便笺被一位收藏家以2.9万美元的高价买走。与此同时,2000份获准合法复印的便笺副本也当即被抢购一空。

1998年,美国《时代周刊》将他评为"20世纪英雄偶像"之一。他是唯一入选的华人,是在世界上享誉最高的华人明星。

著名影星周润发在从事影视专业之前,曾是一家华丽酒店的服务生。有一天,一辆豪华的劳斯莱斯轿车停在了酒店门口,车主人对他吩咐道:"把车洗一洗。"

周润发那时刚刚初中毕业,还没见过多少世面,从未见过这么漂亮的轿车,不免有几分惊喜。他一边洗车一边欣赏,擦完后忍不住拉开车门,想上去体验一番。

此时,恰巧领班走了过来,毫不客气地训斥道:"你想干什么?难道你不知道自己的身份和位置吗?你这种人一辈子也不配坐劳斯莱斯!"

受到侮辱的周润发从此发誓:"我这辈子不但要坐劳斯莱斯,而且还要拥有自己的劳斯莱斯!"他的决心那么坚定,以至于成了他人生奋斗的一个目标。

天助自强不息者,命运女神终于向他露出了微笑。当他红遍天下之时,顺理成章地坐上了劳斯莱斯轿车,并拥有了自己的劳斯莱斯轿车。

鲁迅先生说过:"不满是向上的车轮。"唯有不满,才有追求;唯有不断地追求,才有不断的进步。

歌王的 500 年计划

他在长达 62 年的音乐创作中，留下了近千首脍炙人口、广为流传的优秀民族音乐作品。他不仅使中国的西部民歌传遍全国，而且传遍了世界。可以毫不夸张地说，凡是有华人的地方，都会响起他的迷人旋律。比如《在那遥远的地方》《半个月亮爬上来》《达坂城的姑娘》《阿拉木汗》《康定情歌》《都达尔和玛利亚》《青春舞曲》等歌曲，一直在世界各地的华人中传唱。其中《在那遥远的地方》和《半个月亮爬上来》被录入《20 世纪华人经典音乐作品》。

《在那遥远的地方》这首歌，不仅于 1992 年 10 月荣获国务院文化部和中国唱片总公司颁发的"金唱片奖"，还被世界著名歌唱家保罗·罗伯逊、卡雷拉斯等人作为保留曲目唱遍全世界，还被享誉全球的巴黎音乐学院编入音乐教材。

他荣获了联合国教科文组织为第一位华人音乐家颁发的"东西方文化交流特别贡献奖"。他是在联合国高唱民族歌曲的第一位中国人。

他，就是家喻户晓、人人皆知，被誉为民歌之父、音乐大师、西部歌王的杰出音乐艺术家王洛宾。

说起来让人难以置信，然而却是千真万确的事实。正是这位为丰富和发展中华民族的文化艺术做出了重要贡献的王洛宾，一生中竟然坐了两次大牢，与铁窗相伴长达19年之久。

　　王洛宾第一次被打入监牢是在1946年。在中华民族危难之时，他积极投身抗日救国的宣传工作，先后创作了《老乡，上战场》《洗衣歌》《奴隶之爱》等大量抗日歌曲，鼓舞了许多的有志青年投身抗日救亡运动。因此，国民党马步芳的宪兵怀疑他是共产党的"探子"，抓住后一次一次地殴打他，要他改变红色思想，脱离与共产党的关系。他被打得皮开肉绽，浑身是血，但却宁死不屈，下定了坐穿十年大牢的决心。他忍着精神和肉体的折磨，在狱中写了一首又一首宣传民主与自由的歌曲。

　　王洛宾第二次入狱是在1960年。新中国成立以后，他满怀对新中国的热爱之情，创作了《萨拉姆毛主席》《社会主义光芒照在我老汉的心坎上》《亚克西》等100多首歌颂党和社会主义的歌曲，在整个新疆乃至全国广为传唱，鼓舞着各族人民为建设社会主义的新中国而努力奋斗。尽管如此，他还是被以莫须有的罪名投入牢狱。他曾萌发过自杀的念头，但最终还是选择了坚强与浪漫。他在狱中克服了重重困难，用鲜血与泪水写出了几百首囚歌，包括用中、英文对照写出的《共产党宣言》组歌、《毛主席语录》组歌等歌曲。因此，他被誉为"狱中歌王"。用他的话来说："即使身陷囹圄，我也胸怀坦荡，过着我快乐的日子，谱写我美丽的囚犯之歌，用我的歌声迎接一切苦难。"

　　1975年5月，他刑满释放，已经62岁。1979年4月，应兰州军区政委萧华之请，王洛宾到兰州军区战斗歌舞团帮助工作。他也不负厚望，很快写出了三部歌剧的音乐：《带血的项链》《奴隶的爱情》《托木尔的百灵》。其中《带血的项链》参加新中国成立30周年文艺会演并获二等奖。

　　1981年7月6日，新疆军区为王洛宾召开了平反大会；1988

年 9 月，荣获中国人民解放军胜利功勋荣誉奖章；1991 年，享受政府特殊津贴。1995 年 3 月，他进行胆管癌切除手术之后，仍然不顾年迈多病，以顽强的毅力同病魔做斗争，先后 6 次参加国内外有关文化交流活动。1995 年 6 月，他赴北京出席了由中国少数民族文化艺术基金会主办的"王洛宾艺术生涯 60 周年文艺晚会"。

1996 年 3 月 14 日，我国著名作曲家、艺术家、新疆军区歌舞团原艺术顾问、离休干部王洛宾，因患胆囊癌医治无效，于军区总医院逝世，享年 83 岁。

在王洛宾病重时，有一位探望他的作家问："您一生多坎坷，特别是经历了两次铁窗之苦，却未断云游乐海、振兴民乐之梦，这究竟是为什么呢？"

王洛宾说："因为我有一个 500 年的计划。"

作家大惑不解地问："一般地说，一个人只能活 100 年，您怎能定 500 年计划呢？"

王洛宾解释说："这是我的艺术生命计划，也就是说，我要写出最好的歌，让世人传唱 500 年，让中国民歌流行世界 500 年。"

后来，这位作家深有感触地写道："歌王的 500 年计划一定能够实现！因为，一个人，一个团队，一个民族，一个国家，追求的目标越高，取得的成绩也会越大。"

让世界知道我的祖国

　　1988年汉城奥运会，在男子100米蝶泳决赛前夕，有两位运动员格外引人注目。一位是美国泳坛名将马特·比昂迪，号称"飞鱼"；另一位是身材高大、双臂特长的联邦德国名将米哈尔·格罗斯，号称"信天翁"。媒体不遗余力地介绍这两名运动员，似乎夺冠只是美国"飞鱼"与德国"信天翁"的较量。

　　清脆的发令枪响了，"飞鱼"比昂迪一路领先，果然不负众望。50米折返之后，欢呼声中的观众似乎还没有发现，在被忽视的另一条泳道上，有一个黑皮肤的运动员动作协调而有力，与领先的美国"飞鱼"越来越近。他每一次提臂跃前、摆腰排水，都使并不大的差距越来越小。在距离终点不到15米的时候，一白一黑，两条飞鱼已经并驾齐驱。在最后触壁的时刻，白飞鱼借助惯性滑行，黑飞鱼则跃出水面，加速冲刺，险些撞在池壁上。两个人、四只手几乎同时触壁，肉眼已经分辨不出来哪一双手最先触壁！

　　白飞鱼比昂迪自信地举起双手，为自己的胜利而兴奋不已。因为他看到德国的"信天翁"已经落后，并确信自己赢得了这块金牌。

　　然而，记分牌公布了成绩，第一名运动员的名字不是马特·比昂迪，而是一个陌生的名字，安东尼·内斯蒂。此时，一个黑人运动员在泳池中举起双手,露出洁白的牙齿,高兴地笑着。

马特·比昂迪惊呆了,金牌与银牌的成绩仅仅相差 0.01 秒!这让各国媒体的许多记者也感到意外,感到措手不及。许多记者不知道安东尼·内斯蒂的运动背景,甚至不知道苏里南这个国家在哪个大洲。因为,他确实是泳池里杀出的一匹真正的黑马!

神通广大的记者终于搞明白了安东尼·内斯蒂的身世:他出生于中美洲的特立尼达和多巴哥,后来迁居到苏里南,这是一个仅有 40 多万人口的加勒比岛国。后来他到美国求学,经过大学的严格训练,蝶泳成绩越来越好。敏感的媒体还发现,尽管获得奥运金牌的黑人运动员不胜枚举,但没有一个黑人运动员夺得过游泳项目的金牌。在奥运泳池中,安东尼·内斯蒂是第一个获得金牌的黑人运动员!

对于重在参与没有奢望拿到金牌的苏里南来说,安东尼·内斯蒂的这枚游泳金牌的价值难以估量。苏里南举国庆祝,全国为此放假一天,国际机场也被命名为安东尼·内斯蒂。

在众多的记者面前,获得冠军的安东尼·内斯蒂自豪地说:"现在所有关于我夺冠的报道里,几乎都加上了一个小框,告诉人们苏里南的地理位置。我很高兴,因为我实现了自己参赛的梦想:让世界知道我的祖国——苏里南。"

拒绝最佳男配角提名后的丰碑

香港的著名演员梁朝伟，是个凡事都喜欢往最坏处着想、往最好处努力的人。1982年，他从无线艺员训练班毕业后，尽管参演过多部受欢迎的电视剧，但总觉得自己是个新人，缺乏经验，不够成熟，很难超越像成龙、周润发等影坛上的巨星，也就没有在短期内拿到影帝大奖的奢望。

但是，荣誉对于那些只管耕耘不问收获的人来说，往往会更加亲近。梁朝伟自己也没有想到，竟然会那么快地三次接近了影帝大奖。第一次是1987年，在第6届香港金像奖评奖时，他以在《地下情》中的表演被提名为最佳男主角。第二次是1988年，在第7届香港金像奖评奖时，他以在《人民英雄》中的表演，荣获最佳男配角奖。第三次是1990年，在第9届香港金像奖评奖时，他以在《杀手蝴蝶梦》中的表演，又荣获最佳男配角奖。

梁朝伟在一次被提名为最佳男主角、两次手捧着最佳男配角的奖杯之后，并没有陶醉于取得的成绩，反而陷入了沉思。他想，自己是不是真的只配拿最佳男配角奖项？难道真的与最佳男主角无缘、没有办法突破了吗？于是，他将怀疑变成了破釜沉舟、背水一战的行动。为了激励自己，他郑重地公开宣布了一个令众人意想不到的决定：拒绝最佳男配角提名。

从此以后，梁朝伟更加全身心地投入工作，拍了很多部相当不错的影片，比如《中环英雄》《千王之王1991》《豪门夜宴》《枪神》等，其中也不乏上佳的表演。可是，他对这一切并不满意，他要继续追求自己"最佳男主角"之梦。

转眼之间就到了1994年。梁朝伟和王家卫合作的《重庆森林》，获得了第31届台湾电影金马奖提名。多年以来，金马奖一直是港台两地电影人梦寐以求的宝座，角逐自然异常激烈。

梁朝伟心想，自己在《重庆森林》中的表演虽然可圈可点，但已经获得提名，也就是对自己演技的充分肯定了，至于是否能够封帝，还真没抱太大的期望。

颁奖当晚，梁朝伟坐在台下，一言不发，显得异常平静。许多记者的目光注视着他，猜测他很可能登上影帝的宝座。

颁奖司仪打开开奖信封，报出最佳男主角几个字后，故意稍微停顿了一会儿，全场鸦雀无声。此刻梁朝伟往台上看了看，接着又看了看自己身边的几个人，心想，应该是他们几个中的某一个人激动的时刻了。接下来，他听到司仪报出了意外的三个字：梁朝伟。

那一瞬间，因为梁朝伟一直以为应该报别人的名字，也应该由别人激动地站起来去领奖，所以，他完全没有意识到那个名字会是自己。他甚至感到奇怪，名字都报完了，怎么没有人站起来？相反，周围的几个人全都盯着他，不明白他是怎么回事。

后来，梁朝伟说，听到获奖的消息时，自己的脑子确实有几秒钟是一片空白，完全不清楚当时在想什么。

有位记者对梁朝伟的表现评论道："拒绝最佳男配角之后的梁朝伟，一直在追求更高的目标，一直全神贯注、竭尽全力地用自己的表演为自己说话，一直在出精品、出极品的道路上迅跑。"

这位记者的评论很有远见,请看梁朝伟在拒绝最佳男配角提名之后得到的主要大奖:

1994年,在第31届台湾电影金马奖评奖时,他以在《重庆森林》中的表演,荣获最佳男主角。

1995年,在第14届香港电影金像奖评奖时,他以在《重庆森林》中的表演,荣获最佳男主角。

1997年,在第3届香港电影金紫荆奖评奖时,他以在《春光乍泄》中的表演,荣获最佳男主角。

1997年,在第16届香港电影金像奖评奖时,他以在《春光乍泄》中的表演,荣获最佳男主角。

2000年,在第53届法国戛纳电影节评奖时,他以在《花样年华》中的表演,荣获最佳男主角。

2001年,在第20届香港电影金像奖评奖时,他以在《花样年华》中的表演,荣获最佳男主角。

2003年,在第40届台湾电影金马奖评奖时,他以在《无间道》中的表演,荣获最佳男主角。

2003年,在第8届香港电影金紫荆奖评奖时,他以在《无间道》中的表演,荣获最佳男主角。

2003年,在第22届香港电影金像奖评奖时,他以在《无间道》中的表演,荣获最佳男主角。

2004年在第11届香港电影评论学会评奖时,他以在《2046》中的表演,荣获最佳男主角。

2005年,在第10届金紫荆奖评奖时,他以在《2046》中的表演,荣获最佳男主角。

……

梁朝伟在拒绝最佳男配角提名之后的追求,使他成为中国获奖最多的男演员，使他成为香港电影界的一座丰碑。这座丰碑可以告诉世人：一个人的追求有多高，他的目标才可能有多高；一个人的目标有多高，他的丰碑才可能有多高。目标决定高度，高度创造丰碑。

梦想有多远，就能走多远

在美国，有一群靠救济生活的穷孩子。虽然他们从未离开过自己生活的小镇，但是却有一个异想天开的惊人梦想：周游世界。

在这群穷孩子为这个伟大的梦想而陶醉和激动不已的时候，几乎所有的家长和旁观者都认为：要实现这样的壮举，简直是天方夜谭。

真是少年不知愁滋味，这群穷孩子面对四处泼来的冷水不仅不动摇、不怀疑、不抛弃、不放弃，而且讨论出了一个实现梦想的好办法：在报上刊登募捐广告，以此来筹集周游世界的旅费。

然而天上不会掉馅饼，高达12000美元的广告费从何而来呢？

为了尽快凑够广告费，这群穷孩子开始在课余时间打工。他们寻找所有力所能及的杂活儿，有的孩子去给人洗车，有的孩子去街头卖报，有的孩子去四处卖花……总之，他们一美分一美分地挣钱，齐心协力地为实现梦想的大厦添砖加瓦。

当地的一家报纸得知此事后，在头版的显著位置详细报道了这群穷孩子的梦想，以及为实现梦想而付出的努力。

恰巧，篮球名将迈克尔·乔丹看到了这个报道。他深受感动，于是以圣诞老人的名义给这群穷孩子寄去了一张12000美元的支票，并鼓励他们说，梦想有多远，就能走多远，愿你们乘着梦想的翅膀飞翔。

由于迈克尔·乔丹的慷慨解囊，这群穷孩子精心设计的广告终于在报纸上刊登出来了，并引起了各界人士的强烈反响。

随后，这群穷孩子收到了来自世界各地的 8000 多封信，几乎每天都有好心人捐款。更令人意想不到和热血沸腾的是，美国总统竟亲自写信向这群穷孩子表示慰问、敬意和鼓励，并热情地邀请他们到白宫做客！

后来，当地的那家报纸又在头版的显著位置跟踪报道了这群穷孩子的追梦足迹，满怀激情地写下了这样一段话：

每个人都有自己的梦想，古往今来，概莫能外。有的人只是把梦想珍藏，无论是男女老少，结果梦想就变成了一个虚幻的梦，一个遥不可及的虚幻之梦。有的人把梦想实践，无论是尊卑贫富，结果梦想就变成了一个实在的目标，一个在不懈追求中可以达到的实在目标。

如果说梦想是一朵灿烂的精神之花，那么不懈追求就会使其结出丰硕的物质之果。

努力的方向明确了吗

有一位年轻人，跋山涉水不怕辛劳，终于找到了德高望重、心中景仰的老禅师。他向老禅师请教："怎样才能使自己的人生更成功？"

老禅师没有马上回答他的问题，而是问："年轻人，请告诉我，你想从生命中得到什么呢？"

年轻人不解地问："对不起，您的意思是……"

老禅师说："你想从生命中得到什么？就是要明确回答你的努力方向，比如幸福、财富、地位……"

"嗯……我想要健康、快乐……当然，还有富足。"年轻人不好意思地回答道，"这些，难道不是很多人梦寐以求的吗？"

"是的，但这也恰恰是很多人没能真正拥有健康、快乐和富足的原因。"

年轻人糊涂了："您这话是什么意思呢？"

老禅师反问："如果你不知道在人生的道路上要寻找什么，又怎么能够找到它呢？"

年轻人坚持道："可是我刚才不是说了吗？我要健康、快乐和富足。"

"可是，你说的这些太笼统了，太抽象了，太宏观了，缺乏明确而具体的指向性和操作性，所以也就太模糊不清了，真正执行起来就会很困难。这就如同老虎吃天，无从下口一样。"

年轻人急忙说："对不起，我还是不太明白您的意思。"

"好！我可以说得更明白一点儿，比如你必须赚多少钱才会感到富足呢？"

年轻人似乎理解了老禅师的意思，想了想说："我至少需要赚比现在的薪水多两倍的钱，才会感到富足。"

"好！除了薪水还有别的吗？"老禅师微笑着问。

"我还想有一栋房子、一部车，并且没有贷款负担。"

"什么样的房子？哪个牌子的车？"老禅师打断他说。

"我不知道。"年轻人回答，"那个并不重要，随便什么样的都可以。"

"是吗？"老禅师说，"那么，连卫生间都没有的房子，周围环境脏乱差的房子，你也觉得可以接受吗？"

"不！那当然不行！"年轻人说。

"那你究竟要什么样的房子才行呢？"老禅师又问。

"我最想要的房子必须有一间书房，有两个卧室，有大客厅，有小餐厅，最好位于城市的商业中心地带，因为我从事商业工作。"

"好！现在你想的房子已经越来越清楚了，可你想一想，只赚到比现在的薪水多两倍的钱能负担得起吗？"

年轻人有些不好意思地笑了："不能。就是赚比现在多五倍的钱，我也买不起这么贵的房子。"

"既然这样啊，那你刚才为什么说只要赚到薪水两倍的钱，你就会感到富足呢？"

"噢……那时，我的确还没有认真地思考好这个问题。"年轻人坦率地承认。

老禅师说:"你现在看到自相矛盾了吧?通常很多人都会说想要健康、快乐和富足,但是很少有人把自己的奋斗目标具体化,使之具有极强的可行性和操作性。这样的奋斗目标,不能给人提供明确的努力方向,也不能引导人走向成功。方向就是战略,就是目标。只有把方向搞明确了,思路搞清晰了,措施才能具体化,然后通过坚持不懈地努力,才可能实现理想的目标。这个道理也可以用一个简洁的公式表示:方向明确 + 扎实努力 = 人生的成功。"

最后,老禅师告诫年轻人:"在人生的道路上,你要不断地提醒自己:努力的方向真的明确了吗?"

成功的捷径

一场大雪过后,大地披上了银装,白茫茫的一片,美丽而圣洁。

父亲看到不远处有一棵老树盛开着梅花,对上初二的女儿说:"咱们俩比赛吧,到达前面那棵梅树之后,看看谁在雪地上留下的一串脚印直。"

女儿听了很高兴,心想:如果要比谁先到达那棵梅树,那肯定是运动员出身的父亲跑得快,但要是比谁留下的一串脚印更直,那可就不一定是谁赢了。于是,她十分小心地向前走着,眼睛死死地盯着自己的双脚,尽力将一只脚放到另一只脚的正前方。就这样,她慎之又慎,好不容易才走到了梅树旁。这时,父亲早已经跑到了树底下。

女儿回头一看,惊讶地发现,父亲的一串脚印竟然比自己的直得多。

父亲看着女儿吃惊的目光,微笑着说:"女儿,其实要走成一条直线,最有效的方法不是死死盯着自己的脚,而是要死死盯住前方的目标。只要集中精力,眼睛始终不离开梅树,大胆地向前,就很容易留下一条直线了。不信,你可以再试一次。千万注意,要看着远方的梅树。"

女儿照着父亲的话又试了一次,果然又直又快,比上次好多了。

爸爸突然问女儿:"徒步走直线是这样,你知道徒手画直线有什么诀窍吗?"

女儿想了一会儿,说:"数学老师教过我们这样一种方法:首先,将笔尖放在起点;然后,眼睛盯住终点;最后,以较快的速度将笔尖由起点画到终点。只要稍加练习,利用这种方法,就能很快掌握徒手画直线的要领。"

爸爸高兴地说:"女儿啊,其实你说出了获得成功的一个规律。'将笔尖放在起点',是在给自己定位;'眼睛盯住终点',是在给自己选准目标;'以较快的速度将笔尖由起点画到终点',是在通往成功的路上努力排除干扰,少走弯路,以最快的速度争取成功。"

女儿兴奋地说:"那我给这个规律起个名字吧,就叫成功的捷径。"

一颗不服输的心

赵忠祥老师在少年时代的最大梦想，就是好好学习，实现父母的期望，考进名牌大学的最好专业系读书。

然而，赵忠祥老师做梦也没有想到，命运却安排他在高中毕业后走上了中央电视台播音员的岗位。在大家的热心帮助下，勤奋好学给他带来了幸运。到中央电视台不久，他就在电视屏幕上崭露头角了。

从上世纪50年代末到70年代末，赵忠祥老师作为电视台男播音员，播报过许多重要新闻，几乎在电视屏幕上"一统天下"。他还随同党与国家领导人多次出访，先后采访报道过几十位国内外政要。1979年，他在随同邓小平同志访美期间采访了卡特，成为新中国第一位进入白宫采访美国总统的记者。

到了上世纪80年代中期，赵忠祥老师离开了新闻播音员的岗位，但很快又在其他栏目中以主持人的形象频频出现在亿万电视观众的面前。他先后主持过15届中央电视台春节晚会，主持过国庆45周年、50周年，香港、澳门回归等大型晚会。他主持的《正大综艺》好评如潮，特别是《动物世界》和《人与自然》，已成为家喻户晓、人人皆知的栏目，是最受观众欢迎的节目。他那别具一格的优美语调，跌宕起伏的充沛情感，张弛适度的韵律节奏，使无数观众过耳不忘，为之倾倒。

郁钧剑曾由衷地对赵忠祥老师说:"您的解说有强烈的歌唱性和音乐性,讲究旋律,讲究节奏,讲究情感的宣泄,因此才构造起'赵忠祥风格'。"

在40多年播音员与主持人的岗位上,赵忠祥老师几乎包揽了所有的荣誉:曾获过五个一工程奖、政府奖、学会奖等多项大奖,是第一个获得全国最佳播音大奖的主持人,2004年还当选为"中国15年最有价值主持人"……

也许有人会问:一个并非科班出身的高中毕业生,为什么在播音员与主持人岗位上能取得如此显赫的成就呢?

这自然不是一两句话就能回答清楚的问题,但偶然看了赵忠祥老师写自己小时候的一个故事,似乎找到了其中的一个重要答案。他写道:

"记得小时候我和几位大同学用小皮球去投篮筐,说好了每个人投进200个。人家玩一阵子,都投够了数,要回家去了。'不行!'我连50个都没投进,坚决不走。人家等了我一会儿,天快黑了,都走了,只剩下我一个人,我又着急,又不甘心。天已晚了,篮筐在月光下并不显得模糊,我一边流着眼泪一边投篮,不凑满200个我决不会回家。我没什么先天的优势,只有一颗不服输的心。只要我瞄准了目标,奔跑也罢,走路也罢,就是连滚带爬我也要达到终点。"

赵忠祥老师自己回答得多好啊!"我没什么先天的优势,只有一颗不服输的心。"不错,心有多高,目标就有多高;心有多大,舞台就有多大;心有多远,生命就能走多远。

人生目标与健康长寿

前段时间,新浪网以"你现在快乐吗?"为主题进行了一次调查,共有13661人参加。其中有一个问题是:"如果你不快乐,那么最主要的一个原因是什么?"

对这一问题,18.99%的人回答是"不知道人生的目标在哪里",15.52%的人回答是"目标或理想不能实现",5.56%的人回答是"怀才不遇或不被理解"。这三种回答说明,有过四成的受访者之所以不快乐,主要是因为在人生目标方面存在着问题。

其实,如果在人生目标方面存在着问题,不仅会影响人的心理健康,而且会影响人的身体健康与寿命。

美国的医学家曾对导致心脏病的原因进行了一次跟踪调查。其跟踪调查的结果表明,相比较而言,导致心脏病危险的最重要原因不是胆固醇,不是肥胖症,也不是缺乏锻炼,而是对工作与生活的不满与抱怨,特别是缺少积极向上的人生目标。也就是说,心脏病的发生,不仅是身体的器官出了问题,也与是否有积极向上的人生目标密切相关。

日本的医学家曾用了7年的时间,对43000名年龄在40—79岁之间的公民进行了一次生活目标与健康长寿之间关系的跟踪调查。在这些人中,60%的人回答有积极向上的生活目标,5%的人回答没有什么生活目标,其余人的回答则是没有积极向上的生活目标。跟踪调查的结果表明,那些没有什么生活目标和没有积极向上生活目标的人,其患病的概率要比有积极向上生活目标的人高很多,平均寿命也要短一些。

当然,为了预防疾病,即使有积极向上生活目标的人,也要科学地生活和工作,特别是要避免长期处于操劳过度的超负荷运转状态,避免不自觉地让自己处于容易诱发疾病的状态。

总之,上面这三个调查从不同的角度向人们提出了一个极其有益的忠告:为了有利于身心健康与长寿,每个人都应当确立积极向上的生活目标。

二
把一件事做到极致需要专注

古今中外,成大事者,都是把一件事做到了极致的人。

即使是一个平凡的人,即使是在一个平凡的岗位上,只要专注于自己最重要的目标,用一生把一件事做到极致,就一定会做出连自己都感到吃惊的成绩。

有为有不为

有位青年人,非常刻苦,可事业上却收效甚微,为此他很苦恼。

有一天,他找到昆虫学家法布尔说:"我不知疲倦地把自己的全部精力都花在了事业上,结果收获却很少。"

法布尔同情、赞许地说:"看来你是一个献身科学的有志青年。"

这位青年又说:"是啊!我爱文学,我也爱科学,同时,对音乐和美术的兴趣也很浓,为此,我把全部时间都用上了。"

这时,法布尔微笑着从口袋里掏出一块凸透镜,做了一个"小实验"让这位青年看:当凸透镜将太阳光集中在纸上一个点的时候,很快就将这张纸点燃了。

接着,法布尔对有些惘然的青年说:"把你的精力集中到一个点上试试看,就像这块凸透镜一样!"

这位青年恍然大悟,由此受到很大的启发。

每个人的精力都是有限的,有所不为才能有所为,只有把有限的精力集中到一点上,才能干出一番事业。这个道理虽然通俗易懂,但如果用语言表达,则很容易平淡和一般化。法布尔借用凸透镜能将太阳光集中起来并点燃纸张的现象来说明,有所不为和集中精力的重要性,既明白易懂,又形象生动。

其实，不仅初出茅庐的年轻人容易犯忽视有所不为和集中精力的毛病，就是有所专长的人也容易犯这个毛病。

有一天，19世纪德国著名画家阿道夫·门采尔耐心地倾听一位画家诉苦。那位画家说："我真不明白，为什么我画一幅画只需一天时间，可卖掉它，却要等上一年。"

门采尔认真地回答："亲爱的！请你颠倒过来试试吧！要是你花一年工夫去画它，那在一天里准能卖出去！"

"请你颠倒过来试试吧！"门采尔的这句话，巧妙地揭示了一天画完的画往往得需一年才能卖出去，而一年画完的画则往往只需一天就能卖出去的规律性，说明了有所不为才能有所为，只有把有限的精力集中到一幅画上，才可能创造出为人们喜爱的佳作。

少则得，多则惑。同时追逐两只兔子的人，一只兔子也抓不住。眉毛胡子一把抓，样样"通"的结果，只能是样样"松"。人无所舍，必无所成。一方面，要善于集中精力，抓住机会，做好可以做好的重要的事情；另一方面，又要善于舍弃不重要的事情或暂时不宜做的事情。"知足知不足，有为有不为。"这句老话讲的正是这个道理。

十年日记十年"不"

在伦敦的一家科学档案馆里,陈列着英国物理学家法拉第写了10年的一本日记。这本日记非常奇特:

第一页上写着:"对!必须转磁为电。"

以后,每一天的日记除了写上日期之外,都是写着同样一个词:"No(不)。"从1822年直到1831年,整整10年,每篇日记都如此。

只是在这本日记的最后一页,才改写上了一个新词:"Yes(是的)。"

这是怎么回事?

原来,1820年丹麦物理学家奥斯特发现:金属线通电后可以使附近的磁针转动。这引起法拉第的深思:既然电流能产生磁,那么磁能否产生电流呢?法拉第决心研究磁能否生电的课题,并决心用实验来回答。

10年过去了,经过实验——失败——再试验……法拉第终于成功了。他在历史上第一次用实验证实了磁也可以生电,这就是著名的电磁感应原理。这个著名的原理,导致了发电机的诞生。

法拉第在这本写了长达10年的日记中,真实地记录了他不断失败和最后获得成功的过程。那一天一天所写的"No",就是一次一次的失败;那最后一天所写的"Yes",就是试验的最终成功。

法拉第正确对待多次失败的 10 年日记,表面看起来似乎显得那样的单调和乏味,可是换个角度看失败,给人的启发又是那样的丰富和深刻:

多次的失败并不表明你一无所获,而是表明你得到了宝贵的经验。

多次的失败并不表明你是命里注定的蠢货,而是表明你也许要变换方式另辟蹊径。

多次的失败并不表明你必须放弃,而是表明你还要更加坚持不懈。

多次的失败并不表明你永远无法成功,而是表明你还要花些时间。

多次的失败并不表明你浪费了时间、生命,而是表明你在集中精力攻破具有非凡价值的难关。

多次的失败并不表明你背时背运,而是表明你在尝试和探索中获得快乐。

多次的失败并不表明你不如别人,而是表明你尚有差距。

多次的失败并不表明你是一个盖棺论定的失败者,而是表明你正在用失败铺路、一步一步地接近辉煌的成功。

多次的失败并不表明你是一个屡战屡败、经不起挫折的懦夫,而是表明你是一个屡败屡战、勇往直前的勇士。

爱迪生说得好:"失败也是我所需要的,它和成功一样对我有价值。只有在我知道一切做不好的方法以后,我才知道做好一件工作的方法是什么。"

法拉第正确对待多次失败的 10 年日记,不是一条道跑到黑、死撞南墙不回头的记录,而是对"失败乃成功之母"这句名言的绝妙诠释。

平凡与非凡

法国马赛有一名叫多梅尔的警官，为了缉捕一名强奸并杀害女孩埃梅的罪犯，查阅了几十米高的文件和档案，足迹踏遍了四大洲，打了30多万次电话，行程80多万千米。多年以来，由于他把全部心思都放在了追捕凶犯上，致使两任妻子相继离他而去。但他仍矢志不渝，经过52年漫长的追捕，终于将罪犯捉拿归案。当他用手铐铐住罪犯时，已经是73岁。他兴奋地说："小埃梅可以瞑目了，我也可以退休了。"

有记者问他，这样做值得吗？他回答："一个人一生只要干好一件事，这辈子就没有白过。"

在荷兰，也有一位一生干好一件事的楷模。他是一位刚刚初中毕业的青年农民，在一个小镇找到了为镇政府看门的工作。他在这个门卫的岗位上一直工作了60多年，从没有离开过这个小镇，也没有再换过工作。

他太年轻，工作也太清闲，总得打发时间。他选择了又费时又费工的打磨镜片，算做自己的业余爱好。就这样，他磨呀磨，一日复一日，一年又一年，一磨就是60年。他是那样的专注和细致，锲而不舍。他的技术早已超过专业技师了，他磨出的复合镜片的放大倍数，比专业技师磨出的都要高。他老老实实地把手头上的每一块玻璃片磨好，可以说用尽了毕生的心血。借助打磨的镜片，他发现了当时科技尚未知晓的另一个广阔的世界——微生物世界。从此，他名声大振，只有初中文化的他，被授予了在他看来是高不可攀的巴黎科学院院士的头衔，就连英国女王也到小镇拜会过他。

创造这个奇迹的小人物，就是科学史上鼎鼎大名、活了90岁的荷兰科学家万·列文虎克。

即使是平凡的人，如果将一生的精力集中在一件有益的事情上，也一定会做出非凡的成绩。

百年凝练的半句话

那次到日本，朋友带我参观了雪川墓，并给我讲了雪川的故事。

雪川是日本 17 世纪赫赫有名的高僧和画圣。他幼时家贫，迫不得已进山当了和尚。由于酷爱画画，雪川常因专心致志学画而耽误了念经，而且屡教屡犯，以致一再触犯长老。

那一天，烈日炎炎，是三伏天里最酷热的一天，就是坐着不动也浑身冒汗。到了念经的时候，长老看到雪川还在如醉如痴旁若无人地学画，不禁勃然大怒，将其双手反绑着捆在了寺院内的柱子上。

雪川很伤心，不由得泪如雨下。那泪水，还有那汗水，都滴落在石板地上。突然，雪川产生了灵感——居然用大脚趾蘸着泪水和汗水在石板地上画了起来，转眼之间就画出了一只只活灵活现的小老鼠。

站在雪川身后一声不响的长老看见之后，不禁大惊，因为长老万万没有想到，年幼的雪川竟能将泪水和汗水化作美好的图画！长老认定这孩子日后定能成大器，于是对其精心培养，无微不至。后来，雪川果然成了赫赫有名的高僧和画圣。

雪川活到百岁，无疾而终，驾鹤仙逝。这个一生充满传奇色彩的世纪老人，在弥留之际，为自己写下了八个字的墓志铭："将泪水和汗水化作……"

这一代宗师留下的八个字，让他的众多弟子回味无穷，见仁见智。

有的弟子认为："这可能是师傅没来得及写完的半句话，完整的这句话应该是：'将泪水和汗水化作美好的图画。'"

有的弟子认为："这可能是师傅故意不写完的半句话，因为泪水和汗水不仅可以化作美好的图画，还可以化作许许多多美好的事物。"

后来，弟子们形成共识："无论这是没来得及写完的半句话，还是故意没写完的半句话，都无关紧要。重要的是雪川师傅在教导我们：要用泪水和汗水来实现美好的一切。"

天道酬"志"

19世纪法国大文学家福楼拜,以长篇小说《包法利夫人》而名扬世界。但是,他小时候并不聪明,智力发展也较缓慢,许多同龄的孩子都超过了他。他和妹妹一道学习,妹妹总是学得比他快,他因此有时急得直掉眼泪。但他立下恒心,发誓要赶上和超过别人。他经常通宵达旦地练习写作,灯光陪伴他度过了无数个不眠之夜。因为他住在塞纳河畔,天长日久,河上的一些船工也把他窗口的灯光当作夜航时的"航标灯"。功夫不负有心人,"愚笨"的福楼拜终于成为法国最著名的文学大师,而"塞纳河畔的灯光"也因此成为美谈。

其实,不仅天资平平人的成功离不开勤奋,天资聪慧人的成功同样也离不开勤奋。无论是什么人,成功的大小都与其勤奋的程度成正比。

曹雪芹写《红楼梦》用了10年时间,这位文学巨匠深有感触地说:"十年勤苦不寻常,字字看来都是血。"

孔尚任写《桃花扇》用了15年时间;

弥尔顿写《失乐园》用了27年时间;

达尔文写《物种起源》,从1831年开始环球科学考察,1836年动笔,前后用了28年时间;

巴尔扎克一生辛勤创作了100多部作品,他每天工作十四五个小时；

哥白尼写《天体运行论》，用了36年时间；

托尔斯泰为写《战争与和平》，参考了700多种历史书，从构思到完稿，用了40年时间；

马克思为写《资本论》，阅读了1500多种书籍，做了数十本笔记和摘录，前后花了40年时间；

列宁写《俄国资本主义的发展》，参考了580多本书；

歌德创作《浮士德》，花了整整60年时间，凝聚了他一生的心血。

这些大师都是用毕生的心血和超群的勤奋，才铸就了这些传世佳作。

美国心理学家从1913年起对一千多名儿童进行了长达50年的追踪研究，其中有些人获得了很大成功，而另一些人则平平常常。科学家根据这些人成就的大小，把他们分为"有成就组"与"无成就组"。这两组人的智商和情商相差无几，差异在于他们的"志商"——意志品质上的迥然不同。"有成就组"的人绝大部分意志顽强、坚韧勤奋，对认定的奋斗目标执着追求、矢志不渝，遇到挫折也毫不动摇；而"无成就组"的人绝大部分都意志薄弱，总是消极地坐等机遇的光临。有志与无志、志大与志小、志长与志短，是决定成功的各种因素中至关重要的一个指标。

由此，科学家们得出结论：在决定成功的各种因素中，"志商"与智商、情商一样，是一个很重要的指标。或者说，成就的大小，并不仅仅取决于智商与情商，还取决于"志商"，即意志的坚韧程度。

聪明代替不了汗水，智力代替不了实干，天赋和才华代替不了勤奋和执着。从根本上说，成功只垂青那些不畏艰辛、甘洒血汗的有志者，明珠和桂冠只属于那些终身勤奋的"天才"。

天道酬"志"，也是对成功规律的科学阐释。

锁定核心目标

中央电视台的《动物世界》节目曾播出过这样一组画面，一组颇有启迪意义的画面：

在遥远的非洲马拉河两岸，青草肥嫩。草丛中的一群群羚羊，在美美地觅食。一只非洲豹隐藏在远处的草丛中，竖起耳朵，仔细地倾听。它觉察到了羚羊群的存在，然后悄悄地、轻手轻脚地慢慢地向目标靠近。它们之间的距离越来越近了，突然羚羊对危险有所察觉，立即纷纷奔跑逃命。与此同时，非洲豹像起跑线上的百米运动员那样，瞬时发力，箭一般地冲向羚羊群。它的眼睛死死地盯住一只未成年的羚羊，穷追不舍。羚羊跑得飞快，非洲豹跑得更快。在追与逃的拼搏过程中，非洲豹超过了一头又一头站在旁边观望的羚羊，却没有掉头改追离自己较近的猎物，始终如一、竭尽全力地朝着那头未成年的羚羊疯狂追杀。那只羚羊已经跑累了，非洲豹也累了。在累与累的较量中，它们比速度，拼耐力。非洲豹的前爪终于搭上了羚羊的屁股，羚羊倒下了。非洲豹迅速张开血盆大嘴，直朝羚羊的脖颈咬了下去……

为了生存的需要，非洲豹等肉食动物都知道，在出击之前要隐藏自己；在选择追杀目标时，总是瞄准那些未成年的，或老弱的，或落了单的猎物。

也许有人会问：非洲豹在追击过程中，为什么不改追其他离自己更近的羚羊呢？

动物学家解释说，因为非洲豹已经很累了，而其他的羚羊一点也不累。其他羚羊一旦起跑，也有百米冲刺的爆发力，瞬间就会把已经跑累的非洲豹甩在后边，使其望尘莫及。如果非洲豹丢下那只跑累了的羚羊，改追另一头不累的羚羊，以自己之累去追不累，最后肯定是一只也追不着。

其实，动物界这种普遍存在、世代相传的本能，颇能启迪人类：要想获得成功，就必须将本身极其有限的资源集中利用，就必须在不同阶段锁定一个切实可行的核心目标，就必须毫不犹豫地放弃一切干扰实现核心目标的诱惑目标。如若不然，朝三暮四，见异思迁，东一榔头西一棒槌，幻想十个指头同时按住十只跳蚤，其结果只能是一无所获，一事无成。

软糖实验

提米4岁,坐在斯坦福大学心理系一间实验室的灰色金属桌旁,看到了桌上放着一块果汁软糖。软糖是妈妈常给他吃的那种,实在是太好吃、太诱人了。

把提米带进实验室的那个老师很和善。她告诉提米:"我要出去一会儿。如果你想吃那块软糖,就可以立即吃掉。但是,如果要是能等到我回来之后再吃,那么你就可以得到两块软糖。"

说完后,那个老师出去了。提米盯着那块软糖,不时地搓搓手、踢踢脚,极力想控制自己。他知道,如果等老师一会儿,就能得到两块软糖。但是眼前的诱惑太大了,他最终把手伸向桌子,一把抓住了那块软糖。他紧张地环顾四周,然后一口吃掉了那块软糖。

其实,提米只是米契尔博士和他的助手们多年来研究的几十个对象中的一个。他们通过软糖实验,要搞清楚孩子在诱惑面前的自律能力对将来的成长有什么影响。

米契尔通过对参加软糖实验孩子们的多年跟踪研究发现:相比较而言,能够等到第二块软糖的孩子,长大以后在社会上表现得更自信、更优秀、更具竞争力。他们在全美学科评鉴考试中,平均得分要比吞下眼前那块软糖的孩子高出210分。一句话,从小自律能力较强的孩子,长大后容易获得更大的成功。

后来，米契尔博士和他的助手们又对不同年龄段的人群做了类似的研究。他们发现，自律能力较强的高中生，学习成绩比较好；自律能力较强的大学生，能获得较全面的发展；自律能力较强的已婚者和参加工作的人，能有更好的人际关系及更不错的事业。与此相反，自律能力较差的人则容易犯错误，也容易出现身心健康的问题。一句话，在更大范围内的软糖实验进一步证实了，自律能力较强的人比自律能力较差的人容易获得更大的成功。

软糖实验揭示了自律能力与获得成功的关系，其结论无疑是可信的。但先天自律能力较差的人就命里注定要失败吗？一个人的自律能力是不是可以在后天的锻炼中提高呢？

为了搞清楚这些问题，米契尔博士和艾伯特·班德拉博士共同进行了下面的软糖实验。

两位博士让自律能力较差的孩子们和自律能力很强的成年人坐在一起，桌子上也放着软糖。结果，这些成年人的做法成了这些贪吃孩子的榜样与示范：他们或者低头打个盹儿，或者从椅子上站起来进行锻炼，谁都不去动自己眼前的软糖。令人高兴的是，孩子们也开始模仿成年人的样子，也都不去动自己眼前的软糖。

两位博士得出了共同的结论：自律能力对获得成功有重要影响，但先天自律能力较差的人并不等于命里注定要失败，因为后天的锻炼完全可以弥补先天的不足，提高一个人的自律能力。

不错，一个人只有战胜自己，才能战胜诱惑；只有战胜诱惑，才能战胜对手；只有战胜对手，才能战胜世界。

一条横线的激励

在20世纪60年代,金刚砂空中货物公司敢为天下先,最先使用了坚固耐用、规格统一且可重复使用的集装箱运输货物,开创了集装箱运输货物的先河。

由于统一使用集装箱运输货物,比以前散装运输更经济、更有效,所以世界各国的运输业争相效仿。随着集装箱运输的迅速发展,竞争也日趋激烈。

然而,当时负责金刚砂空中货物公司集装箱运输业务的副总裁爱德华·费尼发现,只有45%的集装箱是完全填满的,其余的往往没有被完全填满,就被密封运走了。

为了保证装货质量,爱德华·费尼开始组织工人接受关于装满集装箱的专业培训,并经常派人实地督促检查集装箱是否装满。但是,事与愿违,收效甚微,许多工人依然我行我素,无动于衷,很少改进。

正当爱德华·费尼费尽心机一筹莫展之际,一位管理学专家向他提出了建议:在每个集装箱内部画上一条"填满至此处"的横线。

尽管这个建议看起来似乎微不足道,但爱德华·费尼还是采纳了。令他兴奋的是,此后完全填满集装箱的比例竟然由45%上升到了95%。

爱德华·费尼有些不解地问:"一条简单的横线,为什么会有如此大的激励作用呢?"

管理学专家回答说:"画上一条横线,就有了专一的目标;有了专一的目标,就有了专一的行动;有了专一的行动,就有了实现目标的可靠保证。这就是目标管理的作用。"

使命激励人出类拔萃

一位成功学专家通过对世界各国几百位杰出人物的研究后发现：他们成功的最初动机，不管是高尚的，还是不够高尚的，甚至是为了金钱、地位和名誉的，但当发展到一定程度时，他们都或先或后地会觉悟到，无论如何富有，每天只需要穿一身衣服，坐一部车子，住一间房子，一日三餐而已。于是，他们都将自己的生命赋予了一种使命，自觉地背负起对团体、对民族、对国家、对社会、对时代，甚至是对人类的一份责任。他们中有的将自己的使命铭记在心，有的将自己的使命公之于众。

请看：

世界首富比尔·盖茨的人生使命是：让电脑服务全人类，改变全世界；让每台电脑都使用微软的软件。

亚洲首富孙正义的人生使命是：就像汽车的出现改变了交通工具一样，要让互联网改变人们的生活方式，让越来越多的人可以通过互联网，在世界上任何一个角落办公。

零售业巨头沃尔玛公司总裁山姆·沃尔顿的人生使命是：以最低的价格，为社会大众提供最优质的生活用品。

美国十大杰出女性玫琳凯的人生使命是：通过玫琳凯化妆品事业的发展，让更多的女性提升自信，同时获得一个自由、平等的事业机会。

安利集团创始人德克斯·耶格和理查·狄维士的人生使命是：帮助人们打造梦想，建立一种经济自由的生活方式。

日本经营之神松下幸之助的人生使命是：领导日本企业，快速提升国民经济，让所有日本人脱离贫穷。

成功学教育专家佐秉珊的人生使命是：让成功学帮助更多的人解除心理障碍，超越自我，追求卓越，提高生活品质，成功致富。

作家、画家刘墉的人生使命是：有一颗很热的心，一对很冷的眼，一双很勤的手，两条很忙的腿和一种很自由的心情；不负我心，不负我生；在感动别人之前，先感动自己，为自己说话，也为时代说话。

……

当一个人的生命有了使命，也就有了责任；当一个人的生命有了责任，也就有了遵循；当一个人的生命有了遵循，也就有了追求；当一个人的生命有了追求，也就有了目标；当一个人的生命有了目标，也就有了动力；当一个人的生命有了动力，也就有了拼搏；当一个人的生命有了拼搏，也就有了超越；当一个人的生命有了超越，也就有了进步。

简单地说，使命可以促进一个人奋发向上，可以激励一个人出类拔萃。

当生命锁定了目标

在刘谦7岁那年,有一天阿姨带着他出门逛街。当他们在百货公司漫无目的闲逛时,他突然被一个专柜吸引住了,怎么也不肯再移动一步。原来,是一个导购小姐正在表演魔术。

刘谦看到导购小姐拿出一枚硬币放进小盒子里,并用手帕将小盒子包裹起来。然后,导购小姐对他一笑,神奇的事情发生了:盒子里的硬币居然穿过盒子和手帕,落到了她的手里!

这究竟是怎么回事,刘谦百思不得其解。为了弄懂神奇硬币穿盒术的秘密,他绞尽脑汁,终于找到了答案,同时也对魔术产生了浓厚的兴趣。

有一次,刘谦在学校给老师和同学们表演神奇硬币穿盒术。当表演结束时,教室里响起了雷鸣般的掌声。此后,他更加爱上了这个能给大家带来惊奇与快乐的表演。

但真正对刘谦的人生产生了巨大影响的,是发生在他12岁那年的一件事。有一天,一个叫汤文龙的大男孩告诉刘谦,台湾将举办18岁以下青少年魔术大赛,并鼓励他积极报名参加比赛。报名参赛的选手多达200余人,评审人员中有国际魔术大师大卫·科波菲尔。

刘谦虽然参加了魔术大赛,但对获奖却没有抱希望。因为他知道很多选手都有很厉害的师傅,都有很华丽的道具,而自己只不过是将很多巧思用在了几张纸片上。比赛之后，当他在后台收拾东西准备回家的时候，突然听到大卫·科波菲尔用很不流利的中文宣布：第一名刘谦。他激动地冲上去，幸福地接受了自己心中的偶像、世界第一魔术大师的颁奖，奖金是5万块台币。

刘谦满怀深情地回忆说："如果当时我在这个比赛中没有得奖，就很可能不会在这条道路上继续走下去了。这个比赛让我第一次体会到，只要努力做好一件事情，就会得到回报。从此以后，大卫·科波菲尔成了我生命中最重要的一个目标，魔术成了我生命中最重要的一个词语。"为了实现自己的目标，他写下了这样的座右铭："人生的苦辣，都要尝尝。风雨的后面，就是阳光。心中有理想，就有力量。胜利的曙光，就在前方。遇到了困难，挺起胸膛。做人坦荡荡，就不慌张。前方有阻挡，别放心上。把心放宽敞，就会通畅。"

功夫不负有心人。后来，刘谦的表演足迹遍布世界各地。他成为获得过国际奖项最多的魔术师，包括2003年世界魔术研讨会年度最佳手法奖，2005年美国魔术学院颁发的尼尔·佛斯特奖，2008年日本近距离魔术协会年度最佳近距离魔术师奖，等等。

2006年，大卫·科波菲尔在上海演出时，应邀接受了上海电视台的访问。电视台特意请30岁的刘谦光临，安排他们在节目中相见。在他们相见的时刻，已经功成名就的刘谦满怀激情地用英文对这位改变了自己命运的国际魔术大师说："您是我的目标，看到您的成就，使我觉得自己还有很大的成长空间……"

刘谦的成功轨迹可以告诉人们，当一个人的生命锁定了奋斗目标的时候，当一个人的奋斗目标成为生命使命的时候，就会创造出一个又一个令人惊叹不已的奇迹。

专注于自己的目标

奥古斯迪·罗丹是法国著名雕塑家。他年轻时家境贫寒，拜勒考克为师，如饥似渴地学习雕塑艺术。勒考克对这个既有天才又很勤奋的弟子青睐有加，希望他有朝一日能继承自己的事业。

罗丹对于雕塑艺术的专注，是超乎寻常的。在学习雕塑的最初几年里，为了培养自己的想象力和观察力，他经常流连于巴黎的花园、广场、古建筑群，徜徉于塞纳河两岸的大道，仔细地观察着身旁的一切。他随身带着笔和纸，画了无数的写生。他全身心地投入学习，几乎没有休息日。

学习了三年之后，罗丹在老师勒考克的支持下，满怀信心地参加了美术学院的入学考试。当他在考场创作的塑像完成之后，几乎在场的所有人都露出惊讶与羡慕的神色。但出人意料的是，他落榜了。主考官在他的名字后面写上了这样一句评语："此生毫无才华，继续报考纯属浪费时间。"

后来，一位画家向罗丹透露其落榜的真正原因："尽管你在雕塑方面是个天才，但由于你是勒考克的得意门生，他们囿于门户之见，所以不会录取你。"

考入美术学院的梦想破灭之后，罗丹找到了一份装修工作，以维持生计。不久，他的二姐不幸病逝。他痛不欲生，住进了修道院，决心当一个修道士打发余生。过了一年，罗丹发现自己根本无法忘记雕塑。于是,他又重新回到了老师勒考克的工作室。

历经磨难的罗丹,专心致志地投入了雕塑艺术,相继完成了《吻》《沉思》《思想者》《巴尔扎克》等传世的作品,成为世界公认的雕塑大师。

有一天,奥地利诗人斯蒂芬·茨威格慕名前去拜访罗丹,希望了解罗丹究竟如何完成那些堪称完美的雕塑作品。茨威格到达罗丹工作室的时候,罗丹正在雕塑一尊女子半身像。在茨威格看来,这无疑是一个完美的杰作。两人简单寒暄了几句,罗丹的目光就落在了这尊雕像上。罗丹向茨威格说了声"对不起"之后,就拿起了雕刻刀,一边观察,一边修改。他有时微笑,有时皱眉,有时加上一点泥,有时又去掉一些,嘴里还不停地自言自语:"那肩膀上的线条仍嫌太硬……""还有这里,这里……"罗丹完全沉浸于创作中,竟然忘记了来访的客人。

直到罗丹放下雕刻刀的时候,才忽然想起茨威格,于是赶忙道歉:"对不起,先生,我忘了您在这儿了……"

与罗丹的那次会面之后,茨威格在自己的文章中写道:"为了创造完美的塑像,罗丹全神贯注,似乎把一切都忘记了,似乎忘记了整个世界的存在。我领悟了罗丹之所以成功的奥秘,领悟了一切艺术、一切事业成功的奥秘,那就是两个字:专注。不管是谁,如果能像他那样把精力专注于一个点上,就一定会创造出惊人的奇迹。"

从上面茨威格的话,不禁让人联想到了罗丹的一句名言:"在迈向成功的道路上,你不要管别人在说什么,在做什么,或者得到了什么,只要持之以恒地专注于自己的目标,就一定有水到渠成的那一天。"

专注的眼神

2004年8月28日,在雅典奥林匹克体育场,刘翔风驰电掣般地第一个冲过110米栏终点,打破了黑人选手一统天下的格局,赢得了奥运比赛的冠军。这是中国径赛选手在奥运会上获得的第一枚男子项目的金牌,为中国乃至整个亚洲都赢得了荣誉。当他登上冠军领奖台的时候,每一个中国人都为之欢欣鼓舞。

一阵一阵的欢呼过后,有些人为之惋惜:因为刘翔此次夺冠的成绩是12秒91,恰巧平了由英国选手科林·杰克逊于1993年创造的世界纪录;只要再快0.01秒,他就能打破世界纪录了!

赛后,专家们立刻反复观看、研究这次比赛的录像,得出了一个结论:以刘翔的爆发力、速度和跨栏技术,完全可以打破世界纪录,但是因为在冲刺到终点的那一刹那,他用眼睛的余光斜视了身边的对手,就是那一个眼神,使他与新的世界纪录失之交臂。

刘翔载誉归国后,成为大众的"偶像",传媒、商家和娱乐圈也纷纷对刘翔表现出极大的兴趣与热情。有识之士开始为之担忧,怕他抵御不了这么多的诱惑。

然而,刘翔表现得十分清醒。因为他知道专家们观看、研究这次比赛录像后得出的结论,深知一个分心的眼神也会使自己与新的世界纪录擦肩而过。当记者问他"会不会进入娱乐圈"的时候,他断然地做出了否定的回答:"为了向世界纪录发起冲击,我只会继续专注地从事跨栏,就是一个眼神也不能分出去!"

2006年7月12日,在国际田联超级大奖赛洛桑站110米栏的比赛中,刘翔不仅成功卫冕,而且以12秒88的成绩打破了尘封13年之久的世界纪录。他兴奋地当场脱下上衣,赤裸上身绕场狂奔一周,尽情地释放着心中的喜悦。

专家们感慨地说:"正是这一个眼神都不能分出去的专注,成就了刘翔那12秒88的新的世界纪录。"

其实,不仅失去或得到世界纪录取决于有没有专注的眼神,很多事情的成败也都取决于有没有专注的眼神。

要专注于某一项事业

莫泊桑年轻的时候喜爱文学。有一天,舅父带他去拜访了法国的著名作家福楼拜。福楼拜问:"你都学了些什么?"莫泊桑自豪地说:"我什么都想学,什么都想会,艺多不压身啊。"福楼拜说:"那好,你就说说每天的学习情况吧。"他如数家珍地说:"上午,用两个小时读书写作,用两个小时弹钢琴;下午,用一个小时学修理汽车,用三个小时练踢足球;晚上,去烧烤店学怎样制作烧鹅;星期天,去乡下学种菜。"说完,他好奇地反问道:"福楼拜先生,您每天的时间是怎样安排的呢?"福楼拜笑了笑说:"上午,用4个小时读书写作;下午,用4个小时读书写作;晚上,还用4个小时读书写作。"莫泊桑不解地问:"难道您就没有别的爱好了吗?难道您就不会别的了吗?"福楼拜没有回答,而是接着问:"你究竟有什么特长吗?比如有哪样事情你做得特别出色?"这时,莫泊桑答不上来了,便问:"那么,您的特长是什么呢?"福楼拜说:"写作。"莫泊桑恍然大悟,不能专心致志地做好一件事情,就不可能有出类拔萃的特长。此后,莫泊桑以福楼拜为师,集中精力专攻写作,最终也成了赫赫有名的作家。

有人曾经问大发明家爱迪生:"你获得成功的最主要原因是什么呢?"他答道:"每个人整天都在做事。倘若早上7点起床,晚上11点睡觉,就整整有16个小时。大部分人,一定一直都在做事。不同的是，他们往往做很多很多的事，而我却只做一件事。如果你们将这些时间运用在一件事情、一个方向上，就一样会取得成功。"

其实，古往今来、各行各业的许多有成就的人物几乎都认为："招招鲜，要讨饭；一招鲜，吃遍天。"

古罗马哲学家西塞罗说："任凭怎样脆弱的人，只要把全部的精力倾注在唯一的目的上，必能使之有所成就。"

北宋著名文学家苏轼在《又答王庠书》中写道："书富如海，百货皆有之，人之精力，不能兼收尽取，但得其所欲求者尔。故愿学者，每次做一意求之。"大意是：知识如商场里的货物一样多，我们不能全部学会，只有挑选自己感兴趣的学。如果要学，一次最好只选一个学，这样会学得更好。

伟大的德国作家歌德曾这样教育他的学生："一个人不能骑两匹马，骑上这匹马，就得放弃另一匹马。聪明人会避免分散精力，只专心致志地做一件事，并把它做到最好。"

巴菲特说："人一生中最重要的是专注。"他把自己的成功归结为两个字："专注"。他除了关注商业活动外，几乎对其他一切，如艺术、文学、科学、旅行、建筑等，全都充耳不闻。

比尔·盖茨说："如果你想同时坐两把椅子，就会掉到两把椅子之间的地上。我之所以取得了成功，是因为我一生只选定了一把椅子。"

乔布斯说："创新就是对一千件事情说'不'，只专注于最好的产品。"

哈佛大学培养了 8 位美国总统、40 位诺贝尔奖获得者、数以万计的企业精英。哈佛大学对学生们有这样的忠告："一个人的精力是十分有限的，把精力分散在好几件事情上，是不明智的选择,也是不切实际的做法。一个人,对许多事情都感兴趣,或是喜好广泛,这是很正常的事情。可是,在通常的情况下,只有专心地做好一件事,才能有所收益,才能突破人生困境。那些总是同时想做很多事情的人,结果反而一件事情都做不好。"

没错,在知识大爆炸的今天,更是少则得,多则惑;追求样样精通的结果,只能是样样稀松;贪多嚼不烂,艺多有时也压身。

记住美国著名作家马克·吐温说的话吧:"人的思想是了不起的,只要专注于某一项事业,就一定会做出使自己感到吃惊的成绩。"

专一才能第一

1884年,查尔斯·埃尔森纳家族在瑞士施夫州的宜溪镇,创办了一家刀具工厂。1891年,埃尔森纳家族卖给了瑞士陆军第一批产品。因官兵配发了这种刀具,故得名为瑞士军刀。

目前,这家已有近130年历史的刀具工厂,有近千名员工,不少员工是父子两代或祖孙三代,劳资双方的关系融洽。据业内人士透露,瑞士军刀的年利润超过8000万瑞士法郎,利润率是200%。

瑞士军刀从设计、进料到生产,都有极其严格的管理。每把军刀出厂前,还要通过60多名员工的严格检查。经过长期的研制与创新,军刀的每个组成部分都达到了最佳造型,具有最完善的功能。因此,它被誉为"设计冠军",被纽约现代艺术博物馆和慕尼黑的国家实用艺术博物馆收藏。

瑞士军刀不仅深受本国军人的青睐,还颇受美国、德国、法国、日本、西班牙等许多国家军人的欢迎,尤其是受到各国飞行员的钟爱。1960年,美国U2侦察机在苏联上空被击落后,飞行员身上的所有物品被公之于众,其中就有一把小巧玲珑的瑞士军刀。美国国家航空航天管理局,将瑞士军刀纳入"哥伦比亚"号航天飞机上的标准装备。尼日利亚空军买了成批的瑞士军刀,专门配发给每个飞行员。

瑞士军刀不只是驰名世界的军品,而且是各国民众喜爱的民品——"多功能工具"。军刀被广泛用于旅游、登山、潜水、航模运动、修理自行车和汽车,以及千家万户的日常生活中。1975年,英国登山队带着军刀登上圣母峰。

瑞士军刀还是举世公认的精美礼品。美国第36任总统林登·贝恩斯·约翰逊,曾将刻有自己姓名起首字母的4000把袖珍军刀赠给白宫的客人。后来,罗纳德·里根总统和乔治·布什总统,也都沿用了这个做法。此外,许多跨国公司和银行,都将军刀加工成宣传品和会议纪念品赠送给客户。瑞士的外交官和军方高官,更是经常向出访的东道国赠送瑞士军刀。从世界各地到瑞士观光的游客,往往一次就买二三十把军刀。苏黎世的礼品商店,每天销售的瑞士军刀数不胜数。

瑞士军刀为瑞士赢得了巨大的财富与声誉,在同类商品中无可争议地名列第一。

日本有一家7个人的企业,只生产各种各样的哨子,种类达到上千种。可是,千万别看不起这些小小的哨子。因为,在世界杯足球赛上所有裁判用的哨子,都来自这家企业;美国警察专用的哨子,都来自这家企业;世界上的大多数著名马戏团使用的哨子,都来自这家企业;大多数为宠物狗使用的无声哨子,也都来自这家企业。最贵的一个哨子,能卖到2万美元,这家企业一年就能创造出7000万美元的利润。这家企业为了研究哨子,还聘请了几百名专家为自己的科研人员。可以说,哨子被这家企业做到了极致,达到了行销天下的程度。这家企业的哨子,同样在同类商品中无可争议地名列第一。

瑞士军刀和日本哨子可以向世界证明:事业起初本来并无大小。大事小做,大事就变成了小事;小事大做,小事就变成了大事。要想把小事做大,就离不开专一。因为,只有专一,才能做到第一。

远离诱惑

战国时期，公孙仪任过鲁国的宰相。他很爱吃鱼，许多知道其嗜好的人，纷纷前来送鱼讨好他。可是，不管是什么人来送鱼，也不管是送的什么鱼，他都一概不接受。公孙仪的一个学生问："先生，既然您特别爱吃鱼，可为什么又坚决不接受别人送给您的鱼呢？"他答道："恰恰就是因为我爱吃鱼，所以才不能接受人家送的鱼。俗话说，礼下于人必有所求，吃人家的嘴短，拿人家的手短。如果我接受了别人送的鱼，到时候就一定会迁就送鱼的人；既然迁就了送鱼的人，就必定会歪曲和破坏法律。我是执法的人，如果知法而又违法，就会被罢免宰相的职务。一旦我的宰相职务被罢免了，即便我喜欢吃鱼，这些人也不会送鱼给我了。那时我已被罢了官，也就没钱自己去买鱼。但是，如果我坚持不接受这些人送的鱼，就不会贪赃枉法，就不会徇私舞弊，也就不会被罢官免职了。这样，就算我不接受别人送的鱼，我爱吃鱼的口味一辈子不变，也照样可以用自己的俸禄买鱼吃。"

清朝道光年间，冯志圻任过刑部大臣。他酷爱碑帖书画，但从不在人前提及此好，赴外地巡视时更是三缄其口，不吐露丝毫心迹。有一天，一位下属偶然知其爱好后，献上了宋拓名碑帖，他立即原封不动地退了回去。有人劝他说："打开看看也无妨，何必一点儿情面也不讲。"他说："这种古物乃稀世珍宝，我一旦打开，就可能爱不释手；不打开，还可想象它是赝品。封其心眼，断其诱惑，怎奈我何？"

　　杨澜采访崔永元的时候曾问："你曾经遇到过的最大诱惑是什么？"崔永元直截了当地回答："钱，走穴。有人让我给那个楼盘剪彩，最高价开到了一剪子50万元。"杨澜又问："那你为什么不去呢？"崔永元回答："我觉得我抵御不住。我是没法抑制自己的一个人。所以我想，一旦我爱上了剪彩之后，谁都拦不住我。我唯一的办法就是别去碰它，别沾这个事。今天坐在你面前，我如实地告诉你，我还是非常爱钱的。真的，我就是不敢用这种方式去挣。"

　　古往今来的历史可以证明：战胜形形色色诱惑最稳妥的办法，不是常在河边走就是不湿鞋，不是像柳下惠那样坐怀不乱，不是深入诱惑，而是远离诱惑。因为就连那些修养极高的非凡人物面对诱惑都战战兢兢、如履薄冰，都担心自己经不起诱惑，何况我们这些绝大多数的普通人。

　　远离诱惑，就要像远离毒品一样。美国作家马克·吐温说得好："怯懦是免于诱惑的最可靠保障。"

不要害怕拒绝他人

启功先生是著名的学者和书法家,被誉为"国宝"。向他求学、求字的人接二连三。先生曾自嘲:"我真成了动物园里供人参观的大熊猫了!"

上世纪70年代的一天,启功先生患了重感冒,为了谢绝来访者,就在门口贴了个字条:"大熊猫病了,谢绝参观。"但是收效甚微,于是先生又贴了个字条:"启功冬眠,禁止敲门,如有违犯,罚款一元。"下面还挂个"罚款袋"。但还是不能完全挡住那些热心的来访者,而"罚款袋"却是空空的。后来,先生又贴上八个大字:"启功遗体,告别去了。"好心的朋友向其建议,"遗体告别"四个字最好加上引号,以免误会。先生却说:"我就希望误会。"因为,这几个字的效果非同一般。

刘绍棠是著名乡土文学作家,是"荷花淀派"的代表作家之一。1995年,他患了一场大病,连行走都需家人搀扶。医生嘱咐:"务必静心休养。"于是,他就在门上贴了这样一张谢绝来访者的字条:"老弱病残,四类皆全;医嘱静养,金玉良言。上午时间,不可侵犯;下午会客,四时过半。人命关天,焉敢违犯;请君谅解,大家方便。"读罢这情真意切、幽默诙谐的话语,绝大多数人也就不好意思冒昧打扰了。

其实每个人都应该善于有所拒绝,就如三毛所说:"不要害怕拒绝他人，如果自己的理由出于正当。当一个人开口提出要求的时候，他的心里根本预备好了两种答案。所以，给他任何一个其中的答案，都是意料中的。"

张籍拒绝李师道

张籍是唐代中后期的著名诗人。那时的唐朝就像一个体弱多病的老人,已经由蒸蒸日上的青壮年走向气息奄奄的暮年,昔日的辉煌已烟消云散。

张籍出身贫寒,少小离家,游历求学,有近20年的时光过着颠沛流离的生活。尽管他仕途失意,一生坎坷,但却深知社会底层的辛酸和疾苦。苦难出诗人,他写出了许多闪烁着现实主义光芒的不朽诗篇。

当时的文坛领袖韩愈和白居易,对张籍的诗篇毫不吝啬地大加赞赏;"苦吟派"诗人贾岛,也对张籍的诗篇发出了"千古流传"的赞美;他被誉为乐府诗人的魁首。

与张籍同时代的李师道,是山东地区的节度使。他同许多各自为政的节度使一样,不再尊奉和服从中央的权威,割据一方,称王称霸,让百姓处于水深火热之中,让江山社稷濒于倒悬。他为了一己私利,搜刮民脂民膏,是不折不扣的土皇帝。

李师道同许多节度使一样,为了粉饰自己的罪恶行径,不惜放下自己的尊严,降低自己的身价,采用软硬兼施的各种手段,威逼、利诱文化名士和中央官吏。他久闻张籍的大名,于是以重金厚礼聘请张籍出任幕僚,以达到为自己效力、添彩之目的。

张籍不可能像患了软骨症的文人名士那样,因经不起诱惑而加入狗头军师的队伍。因为他从骨子里反对分裂国家,绝不肯与臭名昭著的李师道同流合污。

但是,究竟选择什么样的方式拒绝呢?自己是手无缚鸡之力的书生,李师道是握有生杀予夺大权的军阀,强词拒绝,势必难免一死。思来想去,张籍决定用自己最擅长的方式,婉言谢绝李师道的"美意"。于是,就有了这首名篇——《节妇吟》:"君知妾有夫,赠妾双明珠;感君缠绵意,系在红罗襦。妾家高楼连苑起,良人执戟明光里。知君用心如日月,事夫誓拟同生死。还君明珠双泪垂,恨不相逢未嫁时。"

即使将《节妇吟》说成如今的大白话,也依然耐人寻味:"你明知我已经有了丈夫,还偏要送给我一对明珠。我心中感激你情意缠绵,把明珠系在我红罗短衫上。我家的高楼就连着皇家的花园,我丈夫拿着长戟在皇宫里值班。虽然知道你是真心朗朗无遮掩,我侍奉丈夫发誓要生死共患难。归还你的双明珠我两眼泪涟涟,遗憾没有遇到你在我未嫁之前。"

在《节妇吟》中,张籍把自己与李师道的关系比喻为妾与君,用委婉、含蓄的笔触娓娓道来。真是词浅意深,情理真挚,细致入微,曲折动人,言在意外,回味无穷。

从文字层面上看,《节妇吟》完全是一首抒发男情女爱的言情诗,描写了一位忠于丈夫的妻子,经过思想斗争后终于拒绝了一位多情男子的追求,守住了妇道。

从喻义层面上看,《节妇吟》则完全是一首政治抒情诗,表达了作者忠于朝廷,拒绝军阀的拉拢、收买,毅然放弃了许多人求之不得的富贵荣华,就像一个节妇守住了贞操一样,守住了自己的严正立场。

古往今来,忠义之人,人人敬仰。就连李师道本人看过《节妇吟》之后也只好作罢，不再为难，不再勉强。

　　《节妇吟》之所以流传千古，除了表现出可贵的君子风骨之外，高超艺术手法也是重要原因。正如明代文学家在《唐诗归》中评价此诗时所说："节义肝肠，以情款语出之，妙妙。"

放弃的知止智慧

东汉著名的儒家学者、经学家马融,准备给《左氏春秋》作注。当他得知经学家贾逵和郑众二人已经先于自己为此书作注,便找来他们的注本阅读。他仔细读过后认为,自己应该果断地放弃给《左氏春秋》作注的打算。有朋友问:"为什么?"他回答说:"贾逵的注本精深而不广博,郑众的注本广博而不精深。要做到既精深又广博,就凭我个人的水平,怎么能超过他们呢?"随后,他写了《三传异同说》,接着又为《孝经》《离骚》等书作注,结果取得了斐然的成就。

东汉著名文学家、书法家蔡邕,游览了鲁国曲阜宏伟壮观的灵光殿,兴致勃勃地写起了《灵光殿赋》。当他写到一半的时候,意外地看到了赫赫有名的词赋家王延寿游览灵光殿之后写的《灵光殿赋》。他看过此作品,连连称奇,大加赞赏,自愧不如,随即停笔。虽然他坚决放弃了写《灵光殿赋》,但后来依然创作出不少的经典作品。

从马融和蔡邕善于放弃的知止智慧,不禁想到了老子在《道德经》中关于知止的见解:"知足不辱,知止不殆,可以长久。"意思是,懂得满足就不会受到屈辱,懂得适可而止就不会遇到危险,这样才可以得到长久的平安。

从马融和蔡邕善于放弃的知止智慧,还想到了《大学》中关于知止的议论:"知止而后有定,定而后能静,静而后能安,安而后能虑,虑而后能得。"意思是,懂得停下来然后才能稳定,稳定然后才能冷静,冷静然后才能平心静气,平心静气然后才能仔细考虑,仔细考虑然后才能有所收获。这也就是说,知道应该达到的境界才能够使自己的志向坚定;志向坚定才能够镇静不躁;镇静不躁才能够心安理得;心安理得才能够思虑周详;思虑周详才能够有所收获。

人生的过程,实际上是一个不断选择的过程。放弃和坚持,是两种基本的选择。人们往往重视坚持,忽视放弃。其实,只有善于停止,才能有所前进;只有善于不为,才能有所作为;只有善于放弃,才能有所获得。

能力与定力

北宋著名哲学家周敦颐（1017—1073）写过一个寓言故事——《猴弈》：

在西面的一个番国里有两位神仙，常在山中的树荫下下棋。一只老猴子每天都在树上偷看他们运用棋子的技法，于是就学到了他们运用棋子的高着儿。一些棋手听到这事之后前去观看，可等赶到时，神仙已经飘然离去，无影无踪了。于是，所有高手轮流和老猴子下棋，结果没有一个人能赢得了。人们感到这件事很稀奇，便把此事报告了朝廷。皇上得知后亲自挑选棋手，让其继续和老猴子较量，结果都不是老猴子的对手。有人推荐说，因为犯法被关在监狱中的杨靖特别擅长下棋。皇上下令释放杨靖，让其与老猴子再比高低。下棋时杨靖要求，将装满鲜桃的大盘子放在老猴子的眼前。老猴子太爱吃桃子了，被桃子诱惑得心神不安，根本没有心思专心下棋，于是便被杨靖打败了。

在南美热带森林中有一种悬猴科动物，身长约35至66厘米，尾长约60至92厘米，功能有点像手，能抓住树枝。在树上活动时，因其身体和四肢都很细长，远远望去就像一只巨大的蜘蛛，故得名蜘蛛猴。

蜘蛛猴很聪明，反应迅速，动作敏捷，但胆子小，很少到地面，大部分时间待在树上，因此不易被猎人抓到。猎人知道，蜘蛛猴的主要食物是坚果、水果和花蕾等，尤其特别喜爱吃花生。于是，猎人就想出了捕获蜘蛛猴的诱惑之策：把一只窄口的透明玻璃瓶固定在树下，并放入花生。到了晚上，蜘蛛猴来到树下，迫不及待地将爪子伸进瓶子里抓花生。这瓶子的妙处就在于，蜘蛛猴的爪子刚刚能够伸进去，等抓住一把花生不肯放开时，就根本无法抽出来了，当然也无法拖着玻璃瓶逃离。由于贪婪，蜘蛛猴在面临生命危险时依然舍不得放手，结果就被猎人轻易地抓住了。

从老猴子和蜘蛛猴经不起诱惑的故事，不禁想到了成龙做客《杨澜访谈录》时的肺腑之言："这个世界有太多诱惑，不管你是多好的人，都很容易犯错误。所以，我们要在这些错误中学会怎样去教导下一代，让他们不要走同样的路。"

贪婪无度的欲望，甚至能把英豪引入地狱；知足知止的定力，甚至能把乞丐请到天堂。在很多时候，一个人的命运，一个人的兴衰荣辱，不仅取决于出类拔萃的能力，而且更取决于抵御诱惑的定力。

敢于说"NO"

一位省领导想说服陈忠实担任省文联书记,当时陈忠实正在全力以赴地赶写《白鹿原》。陈忠实知道,自己的创作正处于关键阶段,便婉言拒绝了省领导的好意。省领导有些不高兴,说:"你要服从决定!"他问:"如果不去任职,会不会不让我写作?"领导说:"那倒未必。"他笑了,说:"那我就不去任职了。"

陈忠实拒绝了省领导要自己出任省文联书记的职务,坚守了一位作家用作品说话的志向。

启功无论在绘画、书法、诗词,还是在鉴赏、史学、民俗等诸多领域,都有非凡的成就,因而向他求字的人很多。到他家里维修水管、电路的普通工人,完工后都不说求字的话,可启功往往会说:"我给你写一幅字吧。"可对于千方百计求字的权贵,他则想方设法地避开。

有一天,一位知名度颇高的商人,准备好笔墨纸砚,非要叫启功为企业题名。启功脸一沉,说:"你准备好笔墨纸砚我就非得要写吗?你要准备好一口棺材我就非得往里跳吗?"

还有一天,一位军队领导派秘书去求字,秘书表明身份,显得来头很大。见此情景,启功郑重地问:"我要不写,你们会不会派飞机来炸我?"秘书一愣,有点摸不着头脑:"哪里,哪里。"启功直截了当地拒之千里,说:"那好,那就不写了。"

启功拒绝了权贵的傲慢求字,坚守了一位大师的尊严。

"四人帮"横行的时候,上面忽然大发慈悲,派人去通知钱钟书:"要钱先生去参加国宴。"钱先生说:"我不去,哈!我很忙,我不去,哈!"

派去的人说:"这是江青同志点名要你去的!"

钱先生说:"哈!我不去,我很忙,我不去,哈!"

"那么,我可不可以说你身体不好,起不来?"

"不!不!不!我身体很好,你看,身体很好!哈!我很忙,我不去,哈!"

钱钟书拒绝了"女皇"江青的赴国宴之请,坚守了一位学者的淡泊。

2010年年底,《人民文学》的新浪潮文学奖揭晓,请杨绛先生出席颁奖并作评论。杨绛答复《人民文学》:"我是一盆清水,不是肥皂水,不能吹泡泡。"

杨绛拒绝了出席颁奖并作评论,坚守了一位翻译家的清静。

要走自己的路,做最好的自己,就要坚持做自己喜欢的事情,拒绝做自己不喜欢的事情。一个人越有实力,越有底气,就越敢于对自己不喜欢的事情说"NO"。

三
把一件事做到极致需要从小事做起

伟大,不是不做渺小的事,而是将渺小的事做到极致。

非凡,不是不做平凡的事,而是将平凡的事做到极致。

伟大与非凡,孕育在把渺小与平凡的事做到极致之中。

巴顿将军的头盔

巴顿是第二次世界大战中的一位著名的美国将军。他作战勇猛，性情幽默，即使在最困难、最危险的时候，浑身也洋溢着大无畏的乐观主义精神。

美国在第二次世界大战中参战较晚。美国刚参战的时候，一些新入伍的年轻士兵由于缺乏作战经验，加之当时德军在北非取得了一连串的胜利，且被渲染得神乎其神，因此，美军的士气比较低落，普遍存在着不同程度的畏敌怯战心理，个别人甚至到了风声鹤唳、草木皆兵的程度。

就在这种情况下，巴顿将军搞了一次奇特的阅兵式。当巴顿将军出现在检阅台上的时候，士兵们惊奇地发现，深受他们爱戴的巴顿将军头上竟戴着一顶德国将军的头盔，群情顿时沸腾起来了。

巴顿将军从容而坚定地对士兵们说："我头上戴的头盔，是刚从德国将军那里缴获来的！这足以说明，德国军队根本不是不可战胜的！"

阅兵场上一片欢呼。

巴顿将军继续诙谐地笑着说："我要戴着这个头盔，一直打到柏林！"

欢呼声像大海的波涛，一浪高过一浪，美国士兵的畏敌怯战情绪顿时一扫而光。

当然,巴顿将军并未将这顶德国将军的头盔继续戴下去。在以后漫长的战争岁月里,他戴的一直是自己的头盔。不过,他别出心裁地将军衔的两颗将星标在头盔上。

他的这种做法,在军部引起了各种不同的反应。

有个老资格的上校说:"将军阁下,你难道不怕德国人认识你吗?难道你的头盔是打不穿的吗?"

"我的头盔当然不是打不穿的。"巴顿将军坦然自若地说,"不过,作为一个将军,是敌人看见我的机会多呢,还是我们的士兵看见我的机会多呢?"

老上校还是不理解地摇摇头。于是,巴顿将军就带着他下部队去巡视。每到一处,士兵们只要看见巴顿将军的头盔就欢呼起来。这时巴顿又对老上校说:"你在部队时间比我久,为什么士兵能一眼认出我,而认不出你呢?"

老上校身临其境地感受到巴顿将军与士兵们非常融洽的官兵关系,感受到头盔使巴顿将军大无畏的乐观主义形象更加深刻地印在了士兵们的心中,终于心悦诚服了。

没有胆量、魄力的领导,高高在上、脱离群众的领导,就根本不是好领导。正如拿破仑所说:"一头雄狮率领的一群绵羊,可以战胜一只绵羊率领的一群狮子。"

小事是大事的根

一环断,全链断。小事是大事的根。秋毫小事,可能酿成毁灭性的灾祸。

1930年5月,冯玉祥、阎锡山结成反蒋联盟,在河南开始了讨蒋的中原大战。双方投入了100多万兵力,以求决一雌雄。冯阎两部预定在河南北部豫晋交界处的沁阳会师,并一举聚歼驻河南的蒋军。岂料冯玉祥的一位作战参谋粗心大意,在拟定进军命令时,误将"沁阳"写成"泌阳"。正巧河南南部有个泌阳,与沁阳一南一北相距数百千米。军令如山,冯部背道而驰,日夜兼程,向泌阳进军,结果贻误了聚歼蒋军的有利时机,让蒋介石得以从容调动军队,掌握了战争的主动权。冯阎联军却陷入了被动挨打的局面。最后,中原战争以蒋的胜利、冯阎联军的失败而告终。

科学技术在飞速地发展,人类社会在迅猛地前进,很多似乎微不足道的小事,也比以往显得越来越重要。

1962年7月22日,美国经过认真的准备之后,发射了一枚命名为"水手1号"的火箭。火箭在飞往金星途中,突然偏离预定的轨道,凌空爆炸。

有关部门立即进行了紧张的调查,调查的结果也出乎人们的意料,导致这次事故的原因是:在控制火箭飞行的电脑程序中错误地省略了一个连字号"-"。

仅仅是因为缺少了一个小小的连字号"-",竟使美国损失了1.85千万美元。

祸不单行。在美国"水手1号"火箭凌空爆炸之后的第5年,苏联又出现了一个更加令人震惊的悲剧。

1967年8月23日,苏联的联盟一号宇宙飞船在返回大气层时,突然发生了恶性事故——减速降落伞无法打开。苏联中央领导研究后决定:向全国实况转播这次事故。当电视台的播音员用沉重的语调宣布,宇宙飞船在两小时后将坠毁,观众将目睹宇航员弗拉迪米·科马洛夫殉难的消息后,举国上下顿时被震撼了,人们都沉浸在巨大的悲痛之中。

在电视上,观众们看到了宇航员科马洛夫镇定自若的形象。他面带微笑地对母亲说:"妈妈,您的图像我在这里看得清清楚楚,包括您头上的每根白发,您能看清我吗?""能,能看清楚。儿啊,妈妈一切都很好,你放心吧!"这时,科马洛夫的女儿也出现在电视屏幕上,她只有12岁。科马洛夫说:"女儿,你不要哭。""我不哭……"女儿已泣不成声,但她强忍悲痛说,"爸爸,你是苏联英雄,我想告诉你,英雄的女儿会像英雄那样生活的!"科马洛夫叮嘱女儿说:"你学习时,要认真对待每一个小数点。联盟一号今天发生的一切,就是因为地面检查时忽略了一个小数点……"

时间一分一秒地过去了,距离宇宙飞船坠毁的时间只有7分钟了。科马洛夫向全国的电视观众挥挥手说:"同胞们,请允许我在这茫茫的太空中与你们告别。"

即使是一个小数点的错误,也会导致永远无法弥补的悲壮告别。

1485年，英国国王理查三世在波斯沃斯战役中战败，当了俘虏。其中的一个重要原因，竟是因为理查三世的战马少钉了一个马掌钉。这验证了恺撒大帝的一句名言："在战争中，重大事件常常就是小事所造成的后果。"

　　波斯沃斯战役之后，流传下来一首发人深思的由毁灭凝成的短诗。愿这首短诗能成为世人永远的警示：

　　少了一个铁钉，丢了一只马掌。

　　少了一只马掌，丢了一匹战马。

　　少了一匹战马，败了一场战役。

　　败了一场战役，失了一个国家。

守护好无损的"窗户"

有一项心理实验是这样的:

将两辆外形完全相同的车辆,停放在相同的没人管理的环境中。其中一辆车的引擎盖和车窗都是打开的,另一辆车则保持严整完好的封闭状态。

打开引擎盖和车窗的车辆,在三天之内就被人彻底破坏了,而另一辆保持严整封闭停车状态的车则完好无损。

接着,当实验人员将那辆完好无损的车子的一个窗户打碎并弃之不管之后,车内的东西很快就被偷得一干二净。

打开一辆车的引擎盖和车窗不管,或者打碎一辆车的一个车窗不管,看来似乎都是微不足道的区区小事,但这却是后来车辆被彻底破坏的开端或诱因。如果不及时、严格地管理,轻微的破坏常常会诱发出后来的更大破坏,轻微的罪恶常常会诱发出后来的更大的罪恶。这就是该项实验得出的结论,这就是著名的"破窗户理论"。

推而广之,我们一旦丧失了警惕,就很容易出现形形色色的"破窗户",即诱发接踵而来的破坏与罪恶的漏洞或缺口。

新鞋一旦踏进了污水,就很难再被当作新鞋来珍惜。

文物一旦不慎碰出了破损,就很难拥有当初的价值。

房屋一旦有个针大的窟窿,就很可能吹进来斗大的风。

大堤一旦出现了蚁穴，就很可能导致洪水泛滥成灾。

女人一旦因放荡而失去了贞洁，就很容易发展到完全不在乎脸面和名声。

吸毒者一旦被毒品控制，就很容易被俘虏为一步一步走向深渊的罪人。

清官一旦经不住诱惑，就很容易腐败为命归西天的赃官。

诸如此类，不胜枚举。

防微杜渐，慎之于始。不能慎之于始，很难慎之于终。形形色色的漏洞或缺口，就好比是形形色色的"破窗户"。我们务必守护好各自无损的"窗户"，严防破坏与罪恶的侵入和蔓延；万一出现被打碎了的"窗户"，务必及时修好。

小事中的大差距

清朝杭州有个商人，名叫史键。他认为经商靠的是天时、地利、人和，而在这三者中又以人和最为重要。于是，当他决定再扩大经营时，最先想到的便是要招一名称心如意的好帮手。

如何才能找到个好帮手呢？史键想出了一个选人的办法。他贴出布告，说明本店招收徒弟的具体条件。经过初步的考察，他确定了三个面试对象，说好了在三人之中取其一。

到了面试那天，来面试的三个人一进门，史键便让他们一起先到厨房吃饭，而后再面谈决定去留。

当第一个面试者饭后来到店前时，史键问他："吃饱了没有？"

答说："吃饱了。"

又问："吃什么饭？"

答说："吃饺子。"

再问："吃了多少？"

答说："一大碗。"

史键说："你先休息一下。"

史键又问第二个："吃了多少个饺子？"

答："40个。"

最后问第三个："吃了多少个饺子？"

答:"第一个人吃了 50 个,第二个人吃了 40 个,我吃了 30 个。"

史键当场决定留下第三个人,随即将前两个人打发走了。

史键为什么要留下第三个人呢?他认为:第一个人也许很豪爽,但只管埋头快吃,却不细心,不计数,是既不知己又不知彼;第二个人只记住自己吃多少,却不管别人,是明于知己暗于知彼;唯独第三个人可谓既知己又知彼,这正是生意人必须具备的眼观六路、耳听八方的重要素质。果然,第三个人被雇用后,精明能干,会经营又有头脑,很快便成了他的一个得力帮手。

还有两个同龄的年轻人,同时受雇于一家店铺,并且拿同样的薪水。

可是过了一段时间后,叫阿诺德的那个小伙子青云直上,而叫布鲁诺的那个小伙子却在原地踏步。布鲁诺很不服气、很不满意老板的不公正待遇。终于有一天他到老板那儿发牢骚了。老板一边耐心地听着他的抱怨,一边在心里盘算着怎样向他解释清楚他和阿诺德之间的差别。

"布鲁诺先生,"老板开口说话了,"请您现在到集市上去一下,看看今天早上卖的都有什么。"

布鲁诺很快就从集市上回来向老板汇报说:"今早集市上只有一个农民,拉了一车土豆在卖。"

"有多少?"老板问。

布鲁诺赶快戴上帽子又跑到集市上,然后回来告诉老板:"一共 40 袋土豆。"

"价格是多少?"

布鲁诺又第三次跑到集市上问来了价格。

老板对他说:"好吧,现在请您坐到这把椅子上,一句话也不要说，看看别人怎么做、怎么说。"

接着老板派阿诺德到集市上了解同样的问题。

过了一会儿，阿诺德从集市上回来了，向老板汇报说，到现在为止只有一个农民在卖土豆，一共 40 口袋，价格是多少多少；土豆的质量很不错，他带回来一个让老板看看。这个农民一个钟头以后还会弄来几箱西红柿卖，据他看价格非常公道。昨天他们铺子的西红柿卖得很快，库存已经不多了。他想这么便宜的西红柿老板一定会要进一些的，所以他不仅带回了一个西红柿做样品，而且把那个农民也带来了，他现在正在外面等回话呢。

此时老板转向了布鲁诺，说："现在您肯定知道为什么阿诺德的薪水比您高了吧？"

尽管千人千品，万人万相，但人与人之间在素质上的差距，在很多情况下是很难分辨清楚的，更是很难用语言表达明白的，似乎都是半斤八两，彼此彼此，差不多少。如果遇到一些关键时刻，甚至是遇到一些关键的小事，人与人之间在素质上的差距却有显而易见的高低之分、粗细之别。台上一分钟，台下千日功；冰冻三尺，非一日之寒。人与人之间素质上的差距一旦明显化，那可就绝不是一朝一夕所形成的差距了。无论是在比较公正的环境里，还是在不够公正的环境里，与其埋怨别人对自己的待遇不公正，倒不如脚踏实地提高自身的素质。

每天进步一点

大事小做,大事也会变成小事;小事大做,则小事也会变成大事。为实现非凡而付出的平凡,就成为组成非凡的一部分。

在1985年的美国职业篮球联赛上,洛杉矶湖人队赢得冠军的呼声很高,所有的球员都处于巅峰状态,但结果出人意料,决赛时输给了波士顿的凯尔特人队。湖人队一蹶不振,所有的球员感到极为沮丧。

在1986年的美国职业篮球联赛开始之前,湖人队仍没有从失败的阴影中出来,面临着走出低谷重振雄风的重大挑战。教练派特·雷利为了让球员相信自己有能力登上冠军的宝座,便告诉大家,只要每人能在球技和配合上进步1%,联赛便会取得令人满意的好成绩,便一定能登上冠军的宝座。

1%的进步似乎是微不足道的,可是如果12个球员每个人都进步1%,球队的整体实力便能比以前进步12%。经过苦练,大部分的球员都有了进步,而且不止1%,有的甚至高达5%以上。在这一年的美国职业篮球联赛中,湖人队势不可当地夺得了冠军。

撑竿跳名将布勃卡有个绰号,叫"一厘米王"。他几乎在每次重大比赛中,都能刷新自己保持的纪录,将之提高一厘米。

巴塞罗那奥运会之前,有人披露出其中的奥秘。布勃卡训练时经常能越过 6.25 米的高度，但在正式比赛中他从不一次用尽全部本事，而是一厘米一厘米地提高自己的纪录。因为他与赞助人和运动会组织者有约，每破一次纪录，可得 75 万美元的奖金。所以他说：一次把所有的潜力用光是不明智的。

布勃卡如此这般，称雄多年。他的明智是以实力为基础的，别人不服亦不行。如果他平时不付出艰苦的努力，就不可能在赛时不断刷新自己保持的纪录。

日本一些优秀的企业经常把一个词挂在嘴上，就是"改善"。这个词在日文里有"没有休止"的意义。事实上，改善就是不停止地进步，不管这种改善是多么的微不足道，只要每天能有小小的进步，天长日久持之以恒，就会培育出惊人的成就。

人只要能像钟表那样，每秒"嘀嗒"摆一下，进步一点，不知不觉中，一年就能摆动 3200 万次，成功的喜悦就会慢慢地滋润我们的生命。

井不是一锹挖成的，城市不是一天建成的。天天做，不怕千万事；日日行，不怕千万里。优胜者往往不是那些跑得最快的人，而是那些每天坚持进步一点的人。

礼貌的力量

有一批耶鲁大学的应届毕业生，共22个人，实习时被导师带到华盛顿的国家某实验室里参观。全体学生坐在会议室里，等待该实验室主任胡里奥的到来。这时，有位秘书给大家倒水，同学们表情木然地看着她忙活，其中一个还自来熟地问："有黑咖啡吗？天太热了。"

秘书回答说："真抱歉，刚刚用完。"

有一个名叫比尔的学生听着有点别扭，心里嘀咕："人家给你倒水，你还挑三拣四的。"轮到他的时候，他轻声地说："谢谢，大热天的，辛苦了。"

秘书抬头看了他一眼，满含着惊奇，虽然这是很普通的客气话，却让她感到温暖，因为这是她当时听到的唯一的一句感谢话。

门开了，胡里奥主任走进来和大家打招呼，不知怎么回事，静悄悄的，竟没有一个人回应。比尔左右看了看，犹犹豫豫地鼓了几下掌，同学们这才稀稀落落地跟着拍起手来，由于掌声不齐，显得有些凌乱。

胡里奥主任挥了挥手说："欢迎同学们到这里来参观。平时这些事一般都是由办公室负责接待，因为我和你们的导师是老同学，非常要好，所以这次我亲自来给大家讲一些有关的情况。我看同学们好像都没有带笔记本。这样吧，秘书，请你去拿一些我们实验室印的纪念手册，送给同学们作个纪念。"

接下来，更尴尬的事情发生了，大家都坐在那里，一个个很随意地用一只手接过胡里奥主任双手递过来的纪念手册。

胡里奥主任脸色越来越难看，走到比尔面前时，已经快要没有耐心了。

就在这时，比尔礼貌地站起来，身体微倾，双手接过纪念手册，恭恭敬敬地说了一声："谢谢您！"

胡里奥闻听此言，不觉眼前一亮，用手拍了拍比尔的肩膀："你叫什么名字？"

比尔照实作答，胡里奥点头微笑回到自己的座位上。

早已汗颜的导师看到此情景，才微微松了一口气。

两个月后，在毕业生的去向表上，比尔的去向栏里赫然写着某军事实验室。有几位颇感不满的同学找到导师问："比尔的学习成绩最多算是中等，凭什么选他而没选我们？"

导师看了看这几张尚属稚嫩的脸，笑道："比尔是人家国家实验室点名来要的。其实，你们的机会不仅是完全一样的，而且你们的成绩还比比尔好，但是除了学习之外，你们需要学的东西还有很多，礼貌便是重要的一课。"

后来，导师给全班同学留下了这样的临别赠言："礼貌是很容易做的事情，也是很珍贵的事情。礼貌是良好修养中的美丽花朵，是通行四方的推荐书，是人类共处的得体服饰。礼貌无须花费一文，却能赢得许多。"

一步改变一生

那一天风和日丽，在黄土高原一个偏僻的小山村里突然开进一辆漂亮的轿车。这对成年累月也听不见机器声的小山村来说，可是一件新鲜事。全村的人几乎都走出家门，围在轿车的周围，想看看究竟会发生什么事情。

在从车上走下的几个人中，有一个留着短发、身穿灰夹克的中年男子问大家："你们想不想去拍电影？谁想拍电影就站出来报个名。"

虽然每个村民都看过电影，但对怎么拍电影却知之甚少，到哪儿去拍？怎么拍？好多村民都向周围的人询问或自言自语。

那中年男子一连问了几遍，村民们就是没有人搭腔。这时，一个十几岁的小女孩向前迈出一步，站了出来："我想去拍。"小女孩长得并不很漂亮，单眼皮儿，小眼睛，脸蛋红扑扑的，透出一股山里孩子特有的倔强和淳朴。

"你会唱歌吧？"中年男子问。

"会！"女孩子大大方方地回答。

"那你现在就唱一个给我们听听。"

"唱就唱。"女孩儿毫无惧色，一边唱还一边跳，"我们的祖国是花园，花园的花朵真鲜艳……"

村民们大笑，因为她的歌唱得实在不怎么好听，不但跑了调，而且唱到一半时还忘了词儿。

没想到中年男子却用手一指，斩钉截铁地说："好，就是你了！"

这个中年男子，就是大名鼎鼎的电影导演张艺谋，而那个勇敢地向前迈出一步的女孩子，就是在电影《一个都不能少》中出任女主角的魏敏芝。

虽然魏敏芝只向前迈出了一步，却改变了自己的一生。她的名字很快就传遍大江南北，长城内外。

时间过得真快，一晃就是几年！昨天看电视，在中央台的文艺频道中又见到了魏敏芝，她已经是个亭亭玉立的大学生了。当年那些没向前迈出一步的小伙伴，依旧生活在那个偏僻的小山村。主持人请她讲述了拍电影前后的巨大变化，讲述了成为"名人"前后的种种感受……

我一边看电视一边想，机遇真是偏爱有勇气的人，幸运真是关照有勇气的人。卢斯说："勇气是一架梯子，其他美德全靠它爬上去。"丘吉尔也说："勇气很有理由被当作人类德性之首，因为这种德性保证了所有其余的德性。"看来，一个成功者和失败者的区别，往往不在于视野的宽窄，能力的大小，经验的多少，而在于能不能在关键时刻有勇气向前迈出一步。

一文钱

那年到日本参观了一座寺院，在金身佛像旁，导游小姐绘声绘色地给我们讲了一个铁眼和尚募款的往事。

有个叫铁眼的年轻和尚，发誓要用募捐得来的钱为佛修一个金身。这件事虽然功德无量，但是谈何容易！不少人都好心地劝他放弃这个念头，然而铁眼和尚却是一个不屈不挠、百折不回的人，一旦立下了宏愿，就一往无前、绝不退缩。

募款的第一天，他早早就来到了最繁华的闹市，向过路的行人乞讨施舍。不一会儿，走过来一个武士，铁眼和尚施礼道："贫僧誓愿塑佛金身，请施主捐一点吧！"

武士连看都没看他一眼，就像没听见一样，大步流星地走了过去。铁眼和尚急忙追上去，紧跟其后低声乞求："捐多少都行！"

武士厌烦地挥挥手，十分干脆地厉声拒绝道："不！"

武士在前面走着，铁眼和尚在后面跟着，一前一后竟然一起走出了十多里路！那个武士产生了怜悯之心，随手扔下了一文钱。铁眼和尚赶紧从地上捡起那一文钱，并毕恭毕敬地朝武士行礼致谢。

武士觉得很奇怪，态度也缓和了许多，不解地问道："区区一文钱也值得你这样看重与高兴？"

铁眼和尚回答道:"今天是贫僧为塑佛金身而行乞的第一天,如果连一文钱也不能化到,或许贫僧的心志就会产生动摇。如今承蒙您慷慨施舍,贫僧对于成就大愿已经确信无疑,所以感到无限的欣慰。"

铁眼和尚说完,便引身告退,按照原路回去继续化缘,一边走还一边自言自语:"一日一钱,千日一千。绳锯木断,水滴石穿。"

说者无意,听者有心。武士肃然起敬,情不自禁地追了上去,把身上所有的钱都捐了出去。

暑去冬来,经过无数个风霜雨雪的日子,铁眼和尚终于筹足了资金,实现了自己的心愿。

在这座金佛的旁边有个石碑,石碑上刻着一代名僧铁眼和尚留下的话。训练有素的导游小姐将其翻译成了通俗易懂、十分精彩的白话:

"人,只要有坚定的信念和美好的追求,就什么艰难困苦都能忍受,就什么恶劣环境都能适应。聚沙能成塔,集腋能成裘。如果一个人义无反顾、信心十足地朝着目标迈进,往往会获得许多人意想不到的成功。"

大事须从小事做起

看来微不足道的一些小事,有时会决定一些大事的趋势、结局与命运。

2000年8月,法国一架协和超音速客机意外坠毁,造成113人丧生的悲剧。

一架性能先进的客机怎么就突然坠毁了呢?

经过认真、详细的事故调查后确认,发生空难的原因是:在巴黎戴高乐机场右26号跑道上,有一根长43厘米的金属片。这根金属片肯定不是坠毁飞机的零部件。它戳破了飞机左起落架的前轮胎,致使其爆裂。轮胎炸成了碎片,碎片又打破了在跑道上风驰电掣般飞行中的飞机油箱,导致燃油大量泄漏,燃起大火。前后不到一分半钟,便出现了飞机坠毁的悲剧。

这根小小的金属片,就是造成这架协和超音速客机意外坠毁的罪魁祸首。

小事能导演出悲剧,也能导演出喜剧。

"杂交水稻之父"袁隆平与其他科学家一样,曾长期深信水稻是自花传粉植物,没有杂交优势。但一次意外的小事,彻底改变了他那根深蒂固的观念。

1960年7月的一天,他在实验田发现一株"鹤立鸡群"的禾苗,不但长得高大,而且穗特长,每穗有160多个谷粒。若种这样的水稻，亩产可达千斤，这使他兴奋不已。但转年试种时出现了问题：秧苗、抽穗、灌浆参差不齐，且呈分离状态。他突然产生灵感：自交是不会出现分离状态的，那"鹤立鸡群"的一代应是天然杂交稻，这正说明水稻有杂交优势。袁隆平的发现不仅推翻了过去的所谓"历史定论"，而且促使杂交水稻在我国及世界许多国家得到推广，为人类做出了伟大的贡献。

　　法国协和超音速客机的不幸坠毁与"杂交水稻之父"袁隆平的发现，又一次从成败两个方面验证了列宁的一句名言："要成就大事业，必须从小事做起。"

让一把椅子也能改变命运

天有不测风云。本来是个相当不错的天气，大雨却突如其来地倾泻下来，商业街的行人纷纷逃进附近的商店躲雨。这时，一位浑身湿淋淋的老太太，步履蹒跚地躲进了费城百货公司。看着她极其普通的衣着，几乎所有的售货员都没有对她表现出应有的热情。

这时，一位年轻的售货员走上前诚恳地对她说："夫人，我能为您做点什么吗？"

老太太莞尔一笑："不用了，我在这儿躲一会儿雨，很快就离开。"随即老太太又感到心神不安了，她心想："不买人家的东西，却在人家的屋子里躲雨，似乎有点不近情理。"于是，她开始琢磨着买一点东西，哪怕是买个头发上的小饰物也好，也能给自己躲雨找个光明正大的理由。

正在她犹豫不决之时，那个年轻的售货员又走过来说："夫人，您不必客气，我给您搬了一把椅子，放在门口，您放心地坐着休息就是了。"

大约一个小时以后，雨过天晴，老太太向那个年轻的售货员要了张名片，看了看，亲切地说："你叫菲利，很好听的名字，我记住了，谢谢你！"随后就走了出去。

几个月后，费城百货公司的总经理詹姆斯意外地收到了一封信，写信人请求将菲利派往苏格兰收取装潢一整座城堡的订单，并让他负责自己家族所属的几个大公司下一季度采购办公用品的工作。詹姆斯匆匆一算，震惊不已，这一封信带来的利益，竟然相当于他们公司两年利润的总和。

詹姆斯以最快速度与写信人取得联系之后才知道，写信人是那位前来避雨的老太太——美国亿万富翁"钢铁大王"卡内基的母亲。

当菲利收拾好行装准备去苏格兰时，实际上已经荣幸地成为费城百货公司的合伙人了。那年，菲利才22岁。

随后的几年，菲利在事业上扶摇直上、飞黄腾达。他成了"钢铁大王"卡内基最得力的左膀右臂，成了美国钢铁行业仅次于卡内基的富可敌国的灵魂人物。

菲利29岁时，向全美国近百家图书馆捐赠了800万美元的图书。他希望用知识和爱心，帮助更多的年轻人走向成功。

同菲利相似，娜姆命运的改变，也是从给一位外貌平平的老人让一把椅子开始的。

前任挪威驻中国大使石丹梧的夫人，是一个来自泸沽湖畔的美丽姑娘，叫娜姆。她甜美的歌声响彻全世界，被世人喻为中国的"夜莺"。她在事业和爱情上的时来运转，源于她得到过一个神秘老人的帮助。

娜姆初到美国留学时，生活拮据。她白天学习音乐和英语，晚上就在一个小餐厅里当服务生。那天，一个面容憔悴、神情凄苦的老人，为躲避外面的狂风走进餐厅。几乎所有的人都漠视他，甚至有人因为他的寒酸而要赶他出门。只有娜姆充满了同情之心，她知道有很多美国老人晚年都很孤独凄苦。于是，她搬了一把软椅子请老人休息，并自掏腰包为他要了饮料。为了让老人开心，还专门为他点唱了中国的民歌，并热情邀请他参加中国留学生的聚会，愁眉不展的老人渐渐地露出了笑容。

两个月后，这位老人托人交给了娜姆一封信和一串钥匙，信里夹着一张巨额支票。信的内容如下：

"娜姆，我年轻的时候收养了3个孤儿，为此一直没有结婚。可当我含辛茹苦地抚育他们长大成人之后，他们却抛弃了我这个养父。我退休前在一家公司当工程师，有着丰厚的收入，但钱对我这个历尽沧桑、将要入土的老人来说毫无意义，我渴望的是亲人的温暖和友谊。娜姆，只有你给过我这种金钱买不到的情谊。现在，我已回到乡下，做好了落叶归根的准备。我把一生的积蓄和房子都留给你，你用这些去实现你泸沽湖畔的音乐之梦吧。"

娜姆惊愕万分，心潮澎湃，感慨万千，但老人却从此杳无音信。

为了告慰老人，她用这笔钱做了一张风靡全球的中国民族音乐专辑，并开始致力于中外文化交流，也因此结识了她的先生——前任挪威驻华大使石丹梧。他们真挚的爱情让娜姆的歌声插上了幸福的翅膀，尽情地翱翔在世界各地。

有许多不简单的事业，都有一个简单的开始。把简单的事情坚持做好，就会出现不简单的事业。

有许多不寻常的事业，都有一个寻常的开始。把寻常的事情坚持做好，就会出现不寻常的事业。

有许多不平凡的事业，都有一个平凡的开始。把平凡的事情坚持做好，就会出现不平凡的事业。

精诚所至，金石为开。如果坚持做好简单的、寻常的、平凡的事情，那么就连让一把椅子，也可能创造出一个改变命运的难得机遇。

每天多做一点

有一位美国老人,曾经不止一次地对儿孙讲过自己如何走上致富之路的往事。

"50年前,我开始踏入社会谋生,在一家五金店找到了一份工作,每年才挣75美元。有一天,一位顾客买了一大批货物,有铲子、钳子、马鞍、水桶、箩筐、盘子等,装了满满一马车。这位顾客过几天就要结婚了,提前购买较充足的生活和劳动用具是当地的一种习俗。我去给他送货,并非我的职责,而是我的自愿。

"尽管道路泥泞,开始一切还都很顺利,但是途中车轮陷进了一个不浅的泥坑里,费尽九牛二虎之力也拉不出来。正巧碰到一位心地善良的商人驾着马车路过,用他的马将我的马车和货物拉了出来,并且帮我将货物送到顾客家里。在向顾客交付货物时,我仔细清点货物的数目,一直到很晚才筋疲力尽地返回五金店。我为自己的所作所为感到高兴,但是,老板却并没有因我的额外工作而称赞我。

"过了几天,那位商人将我叫去,告诉我说,他发现我工作十分努力,热情很高,尤其注意到我卸货时清点物品数目的细心和专注。因此,他愿意为我提供一个年薪750美元的职位。这是原来年薪的10倍。我接受了这份工作,并且从此逐渐走上了致富之路。"

与上面老人的命运改变相似,对艾伦影响深远的一次职务提升,也是由一件意外的小事情引起的。

那是一个快到下班时间的下午,与她在同一层楼办公的一位著名律师走进办公室,急切地问她:"到哪儿能请来一位速记员帮忙,我手头有些紧急的工作必须尽快完成。"

艾伦告诉他:"公司里所有速记员都去观看球赛了。如果您晚来5分钟,我也会走了。"但她同时表示,自己愿意留下来帮助他,因为"看球赛今后还有机会,工作却必须尽快完成"。

等到艾伦帮助做完工作后,律师问:"应该付您多少钱?"

她微笑着回答:"哦,既然是您的工作,那就1000美元吧。如果是别人的工作,我是不会收取任何费用的。"她说完后,竟然忍不住地笑起来。她的回答只不过是一个玩笑,并没有真正想得到1000美元。

律师也笑了,向艾伦表示谢意。

6个月之后,当艾伦早已将此事忘得一干二净的时候,律师却找到了她,交给她1000美元,并且邀请她到自己的公司去负责文秘工作,薪水比现在要高出1000多美元。

艾伦放弃了自己喜欢看的球赛,帮律师做了一点事情,动机不过是出于乐于助人的愿望,而根本不是金钱上的考虑。但出乎意外,她不仅为自己增加了1000美元的收入,而且为自己带来比以前更重要、收入更高的职位。

如果用更高的标准来要求,那么做到了尽职尽责还是不够的,还应该比自己分内的工作多做一点,比别人期待的多做一点。多做一点的初衷并非是为了引起人们的关注,也并非是为了获得报酬,但往往能赢得更多的机会,能得到意想不到的更多收获。多做一点,就多了一个闪光点;闪光点多了,就可以组成火炬;火炬既能照亮你、我、他,又能照亮天、地、人。因此不可小看多做一点,每天都应尽量多做一点。

十秒钟改变命运

安娜是个很有写作才华的青年,在大学学习期间就发表了不少作品。她刚刚大学毕业,就被一家著名的电视台招聘。她感到很幸运。然而在报到之后,老板并没有让她立刻从事记者的工作,而是让她预报电视节目。她感到每天四次的预报工作周而复始,十分枯燥乏味,英雄无用武之地。因此,她的心情相当郁闷,整天愁眉不展。她与同事和朋友的交往也越来越少,大家与她也越来越疏远。她处在一种恶性循环中不能自拔,心情更加沮丧。

老板得知安娜的情况后,主动找到她,语重心长地说:"你现在的状态是在虚度光阴,是在浪费青春和生命。如果你实在讨厌这份工作,那就立即辞职。既然你没有辞职,就莫不如把从事的工作变成喜爱的事业,使自己乐在其中。"

一句话,有时能点醒一个人。安娜听了老板的话,开始醒悟了。她认真思考:怎样才能使枯燥乏味的电视节目预报变得魅力十足呢?

安娜终于有了可喜的发现:在每次预报节目之前,都有十秒钟的机动时间。充分利用每天四次的十秒钟,很可能开发出一个展示才华的舞台。于是她下定决心办一个精品栏目,即在每十秒钟内都说一句令人难忘的话。

老板非常欣赏和支持安娜的创意,并给这十秒钟的栏目起了个很漂亮的名字:《精彩瞬间》。

从此以后,不论是上班,还是下班,只要一有空闲时间,安娜就抓紧时间或学习或思考:在十秒钟内说什么好,怎样表达才会有更好的效果?

功夫不负有心人。安娜在《精彩瞬间》里说了许多脍炙人口、令人过耳难忘的话。比如,"如果把自己想得太好,就容易将别人看得太糟";"意识到无知,是有知的开始";"要让别人热情洋溢,首先得自己热情澎湃";"能有好的付出,才能有好的回报";"天意乃人意,人缘即情缘";"没有好人缘,好事也会与你绝缘";"多做'对得住',少说'对不起'";"做好人靠的是善良的心,做老好人靠的是善变的脸";"善意可以引发善意,敌视必将增加敌视";"任何人都不能给别人一座天堂,但任何人都可以通过善举让别人感受到一座天堂";"凡是容易使人上瘾的东西,总容易让人上当"……

安娜在《精彩瞬间》里的妙语,使原本僵硬死板的电视节目预报变得温馨无限,在观众中赢得了广泛的好评。她的话逐渐深入人心,颇受欢迎,许多媒体纷纷转载或效仿。

积少成多,集腋成裘。四年之后,一家著名的出版社还以《精彩瞬间》为书名,将她在十秒钟里说的话汇集出版,并成了一本家喻户晓的畅销书。

老板和周围的同事都对安娜大加赞赏:"干得不错嘛!简直是太棒了!""你在十秒钟里创下了奇迹!"大家的赞美令她激情无限,工作越做越好。五年之后,她被破格提拔为电视台总编室的主任。

当即将赴任的前夕,当即将告别《精彩瞬间》栏目的时刻,安娜在最后一个十秒钟内,给观众留下了这样一句话:"敬业能让人出类拔萃,哪怕是十秒钟也能改变一个人的命运。"

一小步也会使命运拐弯

1981年年初的一个下午，宋丹丹的好朋友张旗拿着一份《北京日报》说："丹丹，北京人民艺术剧院正在招生，我觉得你应该去当演员。你快去报名吧，你平时学老师、学同学，学得太像了。"尽管宋丹丹觉得自己长得不好看，以前也从来没有想过自己会做演员，但还是跟着张旗一起去报了名。

初试那天，首都剧场的每一个房间都是考场，走廊里挤满了考生。只招20人，却有上千人报考。

宋丹丹被叫进了一个考场，田冲老师说："这位同学，请把鞋脱了，我要看看你有多高。"

随后，宋丹丹一丝不苟地做了一节广播体操，上肢运动，证明身体协调性良好，因为她不会跳舞；接着她又声情并茂地大声念了一段报纸，然后就回家了。

宋丹丹没想到，初试这一关淘汰了90%的考生，而自己竟成了10%中的一个，竞争对手只剩下100多人了。

复试时，狄辛老师站到宋丹丹身边，跟她比了比个头儿。然后，宋丹丹朗诵了一首诗。李婉芬老师的评价却与朗诵诗无关："这孩子，将来准是个大胖子，比我还得胖。"李老师一边说，一边打量，上上下下，前前后后。

换了一般的女孩子，可能一听说自己胖，就灰溜溜地哭着回家去了。可她急了，连忙恳求道："老师您收下我吧，不是可以试读半年吗？半年内我肯定能瘦下来，要是瘦不下来您再不要我！""老师，我还有好多本事呢，我会学老太太！我就是从来没减过肥，您让我试试吧！"她一再地恳求着，根本不考虑面子不面子。性格决定命运，此言极是。就这样，她又通过了复试。

三试时，几乎全体老师都出席了。宋丹丹先朗诵了一首泰戈尔的散文诗，然后按要求表演了小品，规定的题目是：妈妈病危，给爸爸打电话。

她的右手食指在空中急急忙忙地画圈儿，做拨电话状："喂？请问宋汎在吗？"

这时候，蓝天野老师扮演电话中的对方说："你打错了。"语气缓慢、沉着。

她又重拨一遍，再问："喂？请问宋汎在吗？"

"你打错了。"还是蓝天野老师的声音。

她有点儿慌神，手指开始微微发抖，但很快就聚精会神地继续画圈儿："喂？请问宋汎在吗？"

这一次，蓝天野老师没有说话。她等了一会儿，又对着"电话"说："您帮我找一下他好吗？"

她又等了一会儿，想象"电话"那一端的"爸爸"已经拿起了电话，于是说："爸，我妈病了，住院了……"刚说到这儿，她竟然"哇"的一声哭了出来，那么突然又那么自然地进入了"规定情境"。

"我妈病了，住院了，你快来吧！破伤风！"考试那几天，她妈刚巧因为破伤风住进了医院，所以连素材都是现成的。她由着性子发挥，渐入佳境。

她实在不能忘记小品的最后一刻，就是即将结束与"爸爸"

通话的时候，不知是确有喜剧的天分还是童心未泯，居然鬼使神差地抽泣道："爸，你快……快来吧，来的时候给我带……带两瓶酸奶！"

话音刚落，所有的老师都情不自禁地哈哈大笑起来。大概他们觉得这孩子太有意思了，这会儿怎么还惦记着吃呢。

听到老师们的笑声，她突然有了种预感：成了！我会哭，会哭可能就没有问题了！

出了考场，天色已黑，她心情奇好，一路唱着歌走回了家。

不出所料，6月30日北京人艺发榜，"宋丹丹"三个字榜上有名。

时间过得真快，转眼几年就过去了，宋丹丹以优异的成绩、出色的表现毕业了。她觉得，万事俱备，只欠东风了，可以等待时机大展宏图了。

有一天，同剧院的朋友梁月军找到她说："有位导演正在拍一个有关工读学校的电视剧，需要一个女演员，我想推荐你去剧组试镜。"

宋丹丹认准的机会绝不会轻易放过。她信心十足地找到剧组所在的招待所，见到了导演，并按要求对着镜头说了几句台词。导演立刻头一点，说："行！就是你吧，你演宋晓丽。"

在那个年代，得到一个电视剧的角色，无异于得到了"飞黄腾达"的机会。因为当时的电视剧太少了，但凡有一个人演，准保有一百个人看。宋丹丹高兴极了，尽管还不知道这部电视剧叫作《寻找回来的世界》，也不知道所"试"的角色是一个女混混儿。

宋丹丹回到剧院，兴奋地对领导和许多同事都说过："我准备去拍电视剧了，马上就签合同！剧院的戏暂时不要安排我的角色了。"

过了一段时间，同事们一见到宋丹丹就问："哎，你怎么还没去啊？什么时候拍啊？"

她骄傲地回答："下礼拜！"

过了好几个"下礼拜"以后，剧组那边依然杳无音信，宋丹丹觉得有点不对劲儿，便照着他们留的电话号码打过去联系。天啊，整个摄制组已经搬离了那家招待所！

宋丹丹马上去找梁月军，七弯八绕总算打听到了摄制组的新地址。她风风火火地找到了摄制组，走进了一个房间，里面有三五个人。她胆子很大，开始了理直气壮的悲愤控诉："你们这算怎么回事？你们改变主意了不要紧，但必须告诉我。这是对我的起码的尊重。我已经告诉剧院的领导和同事们，我要拍电视剧了。几乎所有的人见到我都问我什么时候开始，我老告诉他们下礼拜。但是你们却连招呼也不打就搬家了！你们不能对一个年轻演员这么不负责任！"她一边说，一边情不自禁地哭了起来。

这时候，认识宋丹丹的那个小场记突然"滋溜儿"一下站起来跑掉了。过了一会儿，她又脚步轻快地跑了进来："宋丹丹，你别哭了！导演说还是你演宋晓丽，马上就可以签合同！"事态突然发生了一百八十度的转变，倒让宋丹丹愣住了。

后来她才知道，他们嫌自己作为一个女混混儿不够漂亮，想要反悔，只是还没找到更合适的演员。小场记跑到导演房间里去通风报信儿，说宋丹丹来找了，正在隔壁房间里哭呢。当时导演在闹胃病，本着大事化小小事化了的原则，慢悠悠地说："那——咱们就还用她吧。"

正是那一天，宋丹丹与摄制组签下合同，并且拿到了剧本。

电视剧上演以后，导演、副导演还有黄凯老师都兴奋地断言:"宋丹丹肯定能得奖!"可她打心眼儿里不相信,认为他们都是在打趣儿。然而,事实被他们言中了:《寻找回来的世界》使她成为"飞天奖最佳女配角"。从此以后,她的表演生涯一路顺风顺水。

　　光阴似箭,前不久人到中年功成名就的宋丹丹在回忆自己成长道路时说了一句耐人寻味的话:"命运向左还是向右,有时就取决于你所迈出的微小的一步。"

　　不错,有时候,即使是微小的一步也会使命运拐弯。

让闪光点更靓丽

安迪在一家拥有近千名员工的大公司里谋到了一个还不错的职位,这让很多人羡慕不已。但是,他却感到十分苦恼。因为,他在这个职位上勤勤恳恳、兢兢业业、辛辛苦苦地干了三年,不仅没得到提拔和重用,而且可以说领导对他根本就毫无印象。

有一天晚上,安迪正要到地下室去取一些急需的东西,突然停电了!四周一片漆黑,他试图找蜡烛,却没有找到。他从不抽烟,身边也没有打火机。

正当安迪无计可施的时候,无意间碰到了一张音乐贺卡。那贺卡立刻响了起来,伴随着悦耳的声音,小小的灯泡还一闪一闪的,很漂亮。他打开贺卡,发现小灯泡显得挺亮。于是他想:"如果带着它去地下室找东西,也许还可以凑合着用吧!"果然,在伸手不见五指的地下室里,贺卡的光亮显得非常炫目。借助着这点光亮,他很容易地就找到了所需要的东西。

这件小事,突然使安迪明白了一个道理:一粒微弱的光亮,如果在灯火辉煌的屋子里,看起来就微不足道,可放在黑暗的地方,就可以照亮一片空间!看来,只有把自己放在合适的位置,才能使自己的闪光点更醒目,更靓丽。

不久以后,安迪从所在的大公司辞职了,来到一个只有30人的小公司,任市场部的一个小职员。比起以前的工作,这个工作简直就是小儿科,薪水也不如原来多,但他毫无怨言,脚踏实地地从头做起。

由于安迪在原来的公司积累了丰富的工作经验,轻车熟路,再加上不懈的努力和独特的眼光,短短几个月之后,他就升任了项目部经理。然而,他并没有在这个位置上待多久,就跳槽到了另一家更适合他的公司,并逐渐做到了总经理的位置。几年之后,他已经成了一家跨国大公司的董事长。

有一次,记者采访安迪时说:"请您把成功的最主要经验说出来,与大家一起分享。"

安迪谦逊地说:"我只不过是一粒微弱的星火。如果我还有高明的地方,就是懂得如何把自己放在一个恰当的位置上,让微弱的闪光点更醒目、更靓丽一些罢了。"

从安迪的经验,不禁想到美国钢铁大王卡内基小时候的一个故事。

小时候,卡内基家里很穷。有一天,他放学回家时经过一个工地,看到一个老板模样的人正在那儿指挥盖一幢摩天大楼。

卡内基走上前问:"我长大后怎样才能成为像您这样的人呢?"

"第一要勤奋……"

"这我早就知道了,那第二呢?"

"买件红衣服穿。"

卡内基满腹狐疑:"这与成功有关系吗?"

那个老板模样的人指着前面的工人说:"当然有啊!你看,他们都穿着清一色的蓝色衣服,所以我一个都不认识。"说完,他又指着旁边一个工人说:"你看,那个穿红衣服的,就因为他穿得与众不同,这才引起了我的注意。我认识了他,发现了他的才能。我决定，过几天给他安排一个更重要的职位。"

安迪的经历和卡内基的故事，告诉了人们一个共同的道理，那就是：在走向成功的道路上，要让自己的闪光点更醒目，更靓丽。

一句话抓住了红遍全国的机会

那一天，孙红雷接到了电视剧《永不瞑目》剧组副导演的一个电话。副导演告诉他："剧组急需一个演员，扮演的是毒贩子的打手——建军。我想请你来让赵宝刚导演看一看。如果赵导同意，你就来演这个角色。"

聪明的孙红雷想试探一下角色的分量，便问："这个角色有多少场戏？"

副导演答："有67场。"

"那整个电视剧一共得拍多少场戏？"

"1000多场，对了，能去十几个省。"

副导演觉察到孙红雷犹豫不决，立刻又说："别光想这是个跑龙套的角色，难道你不想跟赵导学点什么吗？"

孙红雷知道赵宝刚是位很优秀的导演，加上自己还没有拍过电视剧，于是动心了，同意试一试。

当天晚上8点，孙红雷在拍摄现场找到了副导演。副导演说："赵导拍戏从来没人敢打扰，我们先在这耐心地等着吧。"

他们等啊等，等了7个多小时，一直等到凌晨3点多。副导演抓住了暂短的休息机会，小声地对赵导说："我找了一个演建军的演员，你看看行不行？"

赵导按照副导演的示意转过头，看了看孙红雷，干脆地说：

"不行！长得太憨厚了。"

孙红雷也傻了，心想："看了还不到两秒钟，怎么就不行了呢？"

赵导坐下来又继续拍戏了。突然，有人在自己的肩膀上拍了一下。原来是孙红雷。他有些生气地说："你不用我，你会后悔一辈子！"

赵导想："我拍戏从来没人打扰，更没人敢拍肩膀，这小子还真有点冲劲。"于是说："那就试一试。"随后，让化妆师把孙红雷带到化妆间。

孙红雷剪掉了一头长发，换上了打手建军的装扮，西装革履，很精神。赵导看后说："行，先这么定了。"

接着，孙红雷一边看拍戏，一边沉浸在喜悦之中，心想："多亏了自己说的'你会后悔一辈子'那句话。"

突然，赵导笑着问："小孙，你会开车吗？"

孙红雷如实地说："不会。"

赵导满不在乎地说："那就算了吧。山路的弯道太多，太危险，很难保证安全。"

孙红雷急了："离我上场还有一个多月的时间呢，我就是再笨，一个月总能学会开车吧？！到时候，我要是学不会开车，你再不让我演也不迟。"

赵导笑了。孙红雷从那别样的笑中明白了："原来赵导是在故意刁难和考验自己。"

没有小角色，只有小演员。尽管电视剧《永不瞑目》有1000多场，67场的分量不算太重，但孙红雷的出色表演赢得了广大观众的喜爱，红遍全国。从此，他越演越好，越演越红，当之无愧地坐上"中国演技派第一小生"的宝座。在威尼斯国际电影节时，就连电影节主席马科·穆勒先生也对他的表演赞不绝口，称他为"中国电影第一坏小子"。

后来，孙红雷与赵宝刚成了无话不谈的好朋友。在他们回顾拍《永不瞑目》的经过时，赵宝刚告诉孙红雷："当初你要是没对我说'你会后悔一辈子'的话，你就真的没戏了。"

孙红雷用一句话抓住了一个红遍全国的角色，用一句话抓住了一个红遍全国的机会。

成功靠细小努力的积累

当时任微软总部开发部门高级经理的唐骏,接受了一项任务:同日本的几大电脑厂的商家合作,在最短时间内推出一款新产品,即网络个人计算机。在他顺利完成了开发这款新产品的任务之后,总部选择在日本东京的帝国饭店进行全球首发仪式,届时比尔·盖茨亲自出席产品发布会并作发布演讲。唐骏作为主设计师,和微软日本分公司的负责人一起参与了接待比尔·盖茨的整个过程。

唐骏请比尔·盖茨提前一个小时来到了帝国饭店产品发布会现场,并为其演讲准备了9张幻灯片。在一个会议室里,他用了半个小时向比尔·盖茨复述和解释幻灯片上的内容,以便其一会儿按着幻灯片上的内容发表演说。

随后,为了不影响比尔·盖茨准备演讲,唐骏和其他人从会议室里退了出来。但他担心比尔·盖茨万一有什么事找人不方便,自己就站在门口附近的走廊。果然没几分钟,比尔·盖茨就走出来对一个服务生说了几句。服务生似乎英语不太好,没有听懂。他马上走上前去了解情况,原来比尔·盖茨想去洗手间。他用日语向服务生问清了洗手间的位置,然后带比尔·盖茨走过去。洗手间离会议室比较远,他就在离洗手间门口十来米的地方等候。等比尔·盖茨出来以后,又将其领到会议室。回到房间,比尔·盖茨满意地说："没想到你是这么注重细节的人。"

接下来唐骏安排演讲中的一个细节，也给比尔·盖茨留下了非常好的印象。为了达到演说的最佳效果，他在舞台上画好了一排脚印，请比尔·盖茨上台时沿着脚印走到台前最佳的演讲位置。在那个位置演讲，离观众的距离更近，显得更亲切，演讲的效果也更好。

发布会顺利结束之后，比尔·盖茨对唐骏开玩笑似的说："你们画脚印的方式我很喜欢，但是这么安排是不是太不信任我了。这是谁的想法？"

唐骏解释说："这是我的主意，因为之前我曾多次在加州看过老布什参加总统竞选的演讲。老布什的随行者都是按照这种方式对演讲进行非常细致的安排。"

听罢唐骏的话，比尔·盖茨赞扬道："这种方式的确很好，定好位置可以达到最佳的效果。Jun，你这件事做得很职业。"

最近，荣获微软公司（中国）终身荣誉总裁身份的唐骏，在回顾自己因得到比尔·盖茨的重用而迅速发展的经历时说了发人深思的一段话：

"许多了不起的成功，其实都是靠点点滴滴的细小努力积累而成的。向上、感恩、关心——这三种品质是做人最需要的。如果一个人具备了这三种品质，想不成功都很难。"

小事也能决定命运

见微知著,一叶知秋。一些不经意中流露出来的小习惯和小行为,往往能反映一个人深层次的素质,也能决定一个人的命运。

威廉·麦金利是美国的第 25 任总统。有一次,他想从两个候选人中挑选出一个担任驻外大使。就在左右为难犹豫不决的时候,他忽然想起了几年前的一件小事:

那是一个风雨之夜,威廉·麦金利和一个朋友一起上了公交车。朋友坐在前面,威廉·麦金利坐在最后一排的座位上。过了一会儿上来一位老妇人,手里提着一个沉重的篮子站在前面的车门旁,但无人让座。这时威廉·麦金利的朋友,就坐在老妇人的旁边。朋友不仅毫无让座的表示,而且还故意看起了报纸。最后,还是威廉·麦金利起身上前,请老妇人坐到自己的座位上。而这个朋友,正是两位大使的候选人之一。

这位朋友做梦也不会想到,当时没有让座的这件小事,竟然决定了自己没当成大使的命运。因为在威廉·麦金利看来,这个朋友在做人方面有毛病,所以不能胜任驻外大使的工作。

有一家跨国公司的总经理,对一位刚从名校毕业不久的年轻人看法很好。总经理认为这个年轻人的工作特别努力,业务知识掌握得很全面,在待人接物方面也彬彬有礼,将来可能很有前途，是个可塑之才。于是，准备派其去欧洲培训两年，回来后再委以重任。

有一天，总经理偶然走在年轻人的后面，无意中发现，他故意将掉在走廊中间的一张废纸踢向旁边，而不是捡起来扔进近在咫尺的废物桶里。后来，总经理一连几天都留心观察年轻人的一举一动，结果发现：午餐后，这个年轻人没有将餐后用完的餐具放在指定的地点。

这位年轻人做梦也不会想到，生活中的区区小事，竟然使自己丢掉了极好的发展机会。因为在总经理看来，这样一个连起码的日常生活道德都不能自觉遵守的年轻人，不可能对企业高度负责，也不可能成为一名真正出色的管理者。于是，总经理改变了原来准备派他去欧洲培训的初衷。

"勿以善小而不为，勿以恶小而为之。""小胜在智，大胜在德。""做事先做人。"这些都是古今中外普遍适用的至理名言，都是值得时刻牢记在心的至理名言。

小事做到极致就是卓越

全圣姬是韩国大成产业株式会社会长金英大的多年秘书,被同行们誉为金牌秘书。有不少年轻人经常向她请教同一个问题:"当秘书的如何才能得到上下的认可,获得成功呢?"

全圣姬往往并不直接回答,而是先讲一讲自己泡茶和泡咖啡的小事。

有一天,金英大会长对她说:"这是普洱茶,拿去尝尝吧。"

"嗯,好的。这就是普洱茶啊。"她接过茶,随后在网上敲入"普洱茶"进行搜索。从泡普洱茶的方法到喝普洱茶的方法,她收集了很多资料。

普洱茶放得越久香味就越浓,泡这样的茶,仿佛是在品味岁月与人生。普洱茶的泡法比较讲究:首先,要选用滚烫的开水,水越烫,味越浓,否则茶味不能完全泡出来。然后,将第一次泡茶的水倒掉。再次,重新加入滚烫的开水……她用学到的这些方法为会长和客人泡普洱茶,因而深受好评。

全圣姬不仅掌握了普洱茶的泡法,会长和客人常用的各种茶叶的泡法,她都了如指掌。

来访客人的时间长短不同,全圣姬给他们泡茶的方法也各不相同。对与老板促膝长谈的客人,她就用大杯多泡些热茶。这样他们可以畅所欲言,不必为加水而频频叫秘书进去耽误宝贵的时间了。对停留时间较短的客人，她就用小杯少泡些茶。每次泡茶，她都根据杯具的大小与形状选择合适的托盘。

对于初次来访、爱喝咖啡的客人，全圣姬连他们喜欢放多少伴侣、多少糖都要一一记录下来。等他们下次来访时，她就可以直接按照他们的喜好泡咖啡了。对此，不少客人赞叹不已。

讲完了自己泡茶和泡咖啡的小事，全圣姬说："当秘书的如何才能得到上下的认可，获得成功呢？我的回答很简单：即使是微不足道的事情，也要当成大事来办，并且要尽全力做到最好，做到极致。"

有位记者曾经请会长金英大对全圣姬的回答做个评价，他说："虽然她的这个回答可能让那些期待有什么特别的秘诀的人感到有些失望，但我非常赞同她的回答。因为，天下大事必做于细，天下难事必做于易。不管做什么工作，把平凡的小事做到极致就是卓越。"

做好最熟知的一件事

在 2008 年的福布斯排行榜上,全球著名投资商、被誉为股神的沃伦·巴菲特的财富超过了比尔·盖茨,成为世界首富。

不管巴菲特走到哪里,股民最愿意向他请教这样一个问题:"怎样才能成为一个成功的投资者?"

在回答这个问题的时候,巴菲特多次讲过下面这个旅鼠集体自杀的故事。

旅鼠是常年生活在北极的一种小动物,比普通老鼠要小一些,体形椭圆,尾巴粗短,耳朵很小,一般可长到 15 厘米左右。旅鼠以青草、嫩枝等为食,因经常成群结队地旅行而得名。旅鼠的最大特点是繁殖能力惊人,出生一个月之后就能繁殖;一只雌鼠每 5 周就可繁殖一窝,一窝就有七八只。如果繁殖条件适宜,一个旅鼠种群一年之内的数量就能增长 10 倍。

每隔 4 年,鼠群的数量就达到了顶峰,周围的食物就都被吃光了。为了寻找到新的食物,鼠群只能向有食物的地方迁徙。它们一个跟着一个,一群接着一群,越聚越多,越跑越远,常常是浩浩荡荡的百万大军。它们几乎是沿着一条笔直的路线奋勇前进,逢山过山,遇水涉水,决不绕道,更不停止。当它们跑到了悬崖边上的时候,前面的旅鼠收不住脚,就先跳到大海里去了,后面的也都毫不犹豫地紧跟着跳了下去。它们在大海里拼命地挣扎，直到精疲力竭被汹涌的波涛所吞没。

巴菲特以这个故事告诫股民：在股市上投资，务必增强自觉性，避免盲目性。如果像旅鼠那样盲目地跟风投资，其结果不仅很难赚到大钱，而且很容易血本无归，甚至会像旅鼠一样悲惨。

巴菲特还把旅鼠集体自杀的故事上升到理论的高度来认识，将其概括为"投资圆圈说"。他说，投资者对于自己所了解的一切企业，都可以画一个圆圈把它们圈起来。但最重要的，不是你画的圆圈有多大，而是你对画在圆圈里企业的了解有多少。也就是说，投资者不要追求圆圈大，而应该追求对画入圆圈中的企业有透彻的了解。与其把圆圈画大，不如把圆圈画小，甚至可以说越小越好。因为画得越小，越有利于对最熟知的企业做出最正确的投资决策。只有这样，投资者才能增加自觉性，避免盲目性。总而言之，要成为一个成功的投资者，就要做好自己最熟知的事情。

古希腊著名哲学家芝诺的"知识圆圈说"与巴菲特的"投资圆圈说"，有异曲同工之妙。

有一天，一位学生问芝诺："老师，您的知识比我的知识多许多倍，可是为什么还常常对自己的解答抱有疑问？"

芝诺顺手在桌上画了一大一小的两个圆圈，随后指着这两个圆圈说："我们对知识的掌握就好比一个圆圈，圆圈里面是已知的，圆圈外面是未知的。大圆圈的面积是我已知的知识，小圆圈的面积是你已知的知识，两个圆圈的外面都是我和你未知的知识。虽然我知道的比你多，但接触未知的领域也比你多。我只能正确回答我最熟知的事情，这就是为什么常常怀疑自己的原因。"

巴菲特的"投资圆圈说"和芝诺的"知识圆圈说"，都可以给人这样的启迪：每个人只能做好自己最熟知的事情。换句话说，只有做好自己最熟知的事情，才能做得得心应手，做得精益求精，做得出类拔萃。

如果一个人一生围绕着最熟知的一件事转，那么整个世界就可能围着你转。如果一个人一生围绕着陌生的整个世界转，那么整个世界就可能抛弃你。

排除 0.01 克的隐患

2012年7月14日至23日，由北京军区严格选拔出的5名特种狙击手组成的中国代表队，参加了在哈萨克斯坦举行的"金鹰-2012"国际特种狙击手比赛。此外，美国、俄罗斯、乌克兰及主办国哈萨克斯坦等7个国家的16支参赛队，也参加了本次比赛。

中国队教练、某特战旅副参谋长陈国韬说，这次选拔确定国际比赛队员时，模拟实战和国际比赛环境，采取"比武竞赛、层层选拔、优中选优"的方法，经过多次边训边考边比，全程末位淘汰，最终选出4名出国参赛的正式队员和1名预备队员。可以说，每个队员都是百发百中的"枪王"。

但是在比赛的前一天，在中国队的两个参赛小组到比赛场地进行适应性训练的时候，出现了惊人的意外：在哈方提供的1个小时训练时间里，4名中国队员的100发子弹竟无一上靶。这究竟是怎么回事？队员们一时感到非常茫然，不知所措。

一向一丝不苟高度敬业的常明，是中国队的俄语翻译。他一边翻看所用射击子弹的说明书，一边说出了自己的疑问："是不是子弹的问题？"

"对！"陈国韬教练盯着手中的子弹，果断地判定：问题很可能就出在哈方提供的"北约子弹"上。

问题很快查清楚了:"北约子弹"的药量大、出速快,弹头重了 0.01 克。

原因找到了,问题立刻就迎刃而解了。中国队员调整了射击要领,重新开始了适应性训练。看到全部命中的试射结果,队员们都松了口气。

随后,中国队在持续 10 天的比赛中取得了优异的成绩。在主办国除外的参赛队排名中,中国队的两个狙击小组以绝对优势分别获得总分第一名、第二名。

哈方裁判由衷地赞扬道:"中国军人,好样的!"中国队捧着冠军奖杯,开心地笑了。

弹头重了 0.01 克,使不知情的 4 名中国队员的 100 发子弹无一上靶;找到了原因之后,调整了射击要领,不仅试射时全部命中,而且夺得了"金鹰-2012"国际特种狙击手比赛的冠军奖杯。

即使是 0.01 克的隐患,也要彻底排除。因为在关键时刻,能否排除 0.01 克的隐患,足以决定能否击中目标,足以决定国际比赛的成败,足以决定战士的生死,足以决定战斗的胜负,甚至足以决定军队和国家的荣誉。

捍卫祖国尊严的2秒钟

1840年,鸦片战争失败后,作为"东方之珠"的香港,长期被英国霸占了。

1982年,邓小平与撒切尔夫人展开了关于香港归属的谈判。1984年12月19日,两国正式签署了《中英联合声明》。其中最大的亮点是:1997年7月1日,香港回归中华人民共和国。

1997年年初,外交部礼宾司司长安文彬接受了筹划香港回归交接仪式的任务,成为香港回归仪式的筹备组组长。这个仪式是中国洗刷百余年耻辱的见证,世界瞩目,意义重大。然而,这样的主权交接仪式,并无先例可循,一切环节都是开创性的。

国家交给筹备小组最关键的任务是:确保中国国旗在7月1日0时0分0秒准时升起,标志香港主权如期回归祖国。完成这个任务看似简单,可实际上却困难重重。因为在1997年7月1日之前,香港属英国管理,主权交接仪式只有得到英方的认可,才能顺利进行。

为了确保五星红旗准时升起,安文彬与英方代表戴维斯进行了一次又一次的艰苦谈判。他开宗明义地向英方表明了中方的原则立场:"主权回归,分秒必争,这件事情毋庸置疑。所以,英国的国旗一定要在23时59分58秒降落!"

戴维斯反驳道:"在《中英联合声明》中,只说了7月1日香港主权回归中国，并没有说是几时几分几秒。"

安文彬义正词严地说："在我们中国人的时间概念里，7月1日就是开始于0时0分0秒，晚1秒都不行。"

戴维斯推托道："2秒钟的争论是学术性的，没有操作意义。"

安文彬针锋相对："我们的国旗升起同国歌奏响应同步，而我军乐团指挥的指挥棒抬起就需要2秒，也就是说英国国旗只有在6月30日23时59分58秒降下，才能保证我国国旗在0时0分0秒准时升起！中国人有很严格的时间观念，完全能掌握好这个仪式，请戴维斯先生放心。"

经过多次谈判之后，戴维斯仍不死心："我们各让一步吧，我现在让你1秒，至于你们的旗子什么时候升起来，我就不管了。"

安文彬忍无可忍："香港被英国殖民者掠夺、强占了150多年，中国人强忍心头之痛。香港的主权要回归中国了，我们只要求2秒钟，你却无理拒绝，百般刁难。戴维斯先生，如果我明天召开记者招待会，我向世人宣布这150多年和2秒之争，请你想一想，世界人民会同意吗？中国人民会答应吗？英国人民会认同吗？"

此席话，令戴维斯哑口无言。经过这样一轮又一轮艰苦地谈判，在第16轮谈判中，英方终于接受了中方的全部要求。

1997年6月30日，主权交接仪式正在隆重、热烈、有条不紊地进行。然而，一个突发情况让安文彬始料未及：英国王子查尔斯的讲话居然超时了30秒！此时，距离升降旗仪式只剩3分30秒。

安文彬当机立断，做出了两个决定：一是让司仪加快讲话速度，二是让仪仗队加快走路速度。就这样，司仪抢回了12秒，仪仗队抢回了15秒，一共27秒，可还是差了3秒钟。

值得庆幸的是，英方积极地履行了承诺：在得知查尔斯王子讲话超时后，英方加快了降旗的速度，使英国国旗于23时59分53秒降下，距零点还差7秒。

此刻，全场庄严肃穆。安文彬站在军乐队旁边，看着时间，看着指挥，看着国旗。1997年6月30日23时59分58秒，军乐团指挥抬起了指挥棒。7月1日0时0分0秒，《义勇军进行曲》准时响起，鲜艳的五星红旗冉冉升起，香港终于回到了祖国的怀抱，150多年的殖民史宣告结束了。此刻，安文彬热泪盈眶，全中国人民热泪盈眶。

历史会记住，人民会记住：安文彬为了捍卫祖国尊严的2秒钟，与英方进行了16轮谈判。任何一个精忠报国的人，都应该名垂青史。

四
把一件事做到极致需要努力

在由失败通往胜利的征途上有座桥,那座桥叫努力。
在由失败通往胜利的征途上有道河,那道河叫放弃。
梦想在努力的汗水中成真。成功就是一直在努力。

不可放弃努力

有所不为,才能有所为。人生有很多是可以放弃的东西,但万万不可轻言放弃的是:努力。

你是否知道鲮鱼和鲦鱼的习性?鲮鱼喜欢吃鲦鱼,鲦鱼总是躲避鲮鱼。有人曾经用这两种鱼做了一个实验。

实验者用玻璃板把一个水池隔成两半,把一条鲮鱼和一条鲦鱼分别放在玻璃隔板的两侧。开始时,鲮鱼要吃鲦鱼,飞快地向鲦鱼游去,可一次次都撞在玻璃隔板上,游不过去。过了一会儿,鲮鱼放弃了努力,不再向鲦鱼那边游去。更有趣的是,当实验者将玻璃隔板抽出来之后,鲮鱼也不再尝试去吃鲦鱼了!鲮鱼失去了吃掉鲦鱼的信心,放弃了已经可以达到目的的努力。

其实,作为万物之灵的人,有时也犯鲮鱼那样的错误。记得4分钟跑完1英里的故事吧?自古希腊以来,人们一直试图达到4分钟跑完1英里的目标。人们为了达到这个目标,曾让狮子追赶奔跑者,也曾喝过真正的虎奶,但是都没实现4分钟跑完1英里的目标。于是,许许多多的医生、教练员和运动员断言:要人在4分钟内跑完1英里的路程,那是绝对不可能的。因为,我们的骨骼结构不对头,肺活量不够大,风的阻力又太大,理由实在很多很多。

然而,有一个人首先开创了4分钟跑完了1英里的纪录,证明了许许多多的医生、教练员和运动员的断言都错了。这个人就是罗杰·班尼斯特。更令人惊叹的是，一马当先，引来了万马奔腾。在此之后的一年，又有300名运动员在4分钟内跑完了1英里的路程。

训练技术并没有重大突破，人类的骨骼结构也没有突然改善，数十年前被认为是根本不可能的事情，为什么变成了可能的事情？是因为有人没有放弃努力，是因为有了榜样的力量。

在由失败通往胜利的路上，有时候障碍的确存在，甚至很多；有时候障碍已经消失，或已在不知不觉中被我们克服，可我们还误认为障碍仍然存在，不可逾越。可以说，有好多障碍并不是存在于外界，而是存在于我们的心里。

几乎每个胜利者，都曾经是个失败者。胜利者与失败者在大难大事上的重要区别是：胜利者屡败屡战，绝不轻易放弃努力；失败者屡战屡败，可惜地放弃了努力。

在由失败通往胜利的征途上有道河，那道河叫放弃。

在由失败通往胜利的征途上有座桥，那座桥叫努力。

靠自己

有一天，大仲马得知自己的儿子小仲马寄出的稿子接连碰壁，便对小仲马说："如果你能在寄稿时，随稿给编辑先生们附上一封短信，或者只是一句话，说'我是大仲马的儿子'，或许情况就会好多了。"

小仲马倔强地说："不，我不想坐在你的肩头上摘苹果，那样摘来的苹果没味道。"年轻的小仲马不但拒绝以父亲的盛名做自己事业的敲门砖，而且不露声色地给自己取了十几个其他姓氏的笔名，以避免那些编辑先生把他和大名鼎鼎的父亲联系起来。

面对那些冷酷无情的一张张退稿笺，小仲马没有沮丧，仍在屡败屡战地坚持创作自己的作品。

他的长篇小说《茶花女》寄出后，终于以其绝妙的构思和精彩的文笔震撼了一位资深的编辑。这位编辑曾和大仲马有着多年的书信来往。他看到寄稿人的地址同大仲马的地址丝毫不差，怀疑是大仲马另取的笔名，但作品的风格却和大仲马迥然不同。这位编辑带着兴奋和疑问，迫不及待地乘车造访大仲马家。

令他大吃一惊的是，《茶花女》这部伟大的作品，作者竟是名不见经传的大仲马的儿子小仲马。

"您为何不在稿子上署上您的真实姓名呢？"这位编辑疑惑地问小仲马。

小仲马说："我只想拥有真实的高度。"

这位编辑对小仲马的做法赞叹不已。

《茶花女》出版后，法国文坛的评论家一致认为，这部作品的价值远远超过了大仲马的代表作《基督山恩仇记》。小仲马靠自己的力量攀登到了文坛的高峰。

美国物理学家富兰克林，是家中12个男孩中最小的。由于家境贫寒，他12岁就到哥哥开的小印刷所去当学徒。他把排字当作学习写作的好机会，从不叫苦。

不久，富兰克林认识了几个在书店当学徒的小伙伴，经常通过他们借书看。随着阅读数量的增加，他逐渐能学着写些小文章了。

在富兰克林15岁时，他哥哥筹办了一份报纸《新英格兰新闻》。报上常登载一些文学小品，很受读者欢迎。

富兰克林也想试一试文笔，但又不想通过哥哥来采用自己的文章。为此，富兰克林化名写了一篇小品，趁半夜没人时把稿子悄悄地放在印刷所的门口。

第二天一早，他哥哥看到那篇稿件，便请来一些经常写作的朋友审阅评论。那些人一致称赞是篇好文章。有一位诗人竟断定，这是出自名家的手笔。

从此，富兰克林的文章经常在报上发表，但他的哥哥一直不知道真正的作者是谁。后来，他哥哥决心要识破这个谜，在半夜时藏在印刷所门口。他哥哥做梦也没想到，这位"名家"竟是自己的弟弟小富兰克林。

……

毋庸讳言，以人取言，人微言轻，近水楼台先得月，老子英雄儿好汉等不公平的现象，目前还是比较常见的，就是在将来也是难以完全避免的。但是，与其怨天尤人哀叹自己的命运，倒不如脚踏实地增强自己的实力。从长远的观点看问题，任何事物发展的根本原因，不在事物的外部，而在事物的内部；外因是变化的条件，内因是变化的根据。在这个意义上可以说，人人都是自己命运的设计师，最可依靠的不是任何人的权力和威望，而是自己的力量。

"滴自己的汗，吃自己的饭。自己的事，自己干。靠人靠天靠祖上，不算是好汉。"郑板桥的这些话，当然不是主张可以忽视前进中可以借用的力量，而是强调千靠万靠、不如自靠的主张。

巨匠的作业和手杖

一天，一位年逾古稀的老太太拿着一本破旧的作业本，无拘无束地问巴尔扎克："大作家，你给我瞧瞧，这小子有没有天赋，将来是不是块当作家的料？"

巴尔扎克接过作业本后认真地看了看，胸有成竹地说："嗯，这小子天赋不高，灵气不多，凭这很难当作家。"

老太太听后，发自内心地笑道："好小子，我以为你们当作家的什么都懂，没想到你连自己30多年前的小学作文都看不出来！"

巴尔扎克也禁不住笑了。他做梦也没有想到，这个老太太竟是自己30多年前的小学教师。

巴尔扎克的判断显然是错了，因为他只看到了孩子的基础，却忽视了孩子将来的努力，忽视了人是可以发展和变化的常识。但是，他也有言中的一面——任何人都不可能一出世就名扬天下，誉满全球。

巴尔扎克在成名之前，也曾困惑过、狼狈过。

他本来是学法律的，可大学毕业后，偏偏想当作家，全然不听父亲让他当律师的忠告，将父子关系搞得十分紧张。不久，其父便不再向他提供任何生活费用。他写的那些玩意儿又不断地被退了回来，他陷入了困境，开始负债累累。最困难的时候，他甚至只能吃点干面包，喝点白开水。但是他挺乐观，每当就餐，便在桌上画上一只只盘子，上面写上"香肠""火腿""奶酪""牛排"等字样，然后在想象的欢乐中狼吞虎咽。

在这段最为失意的日子里，巴尔扎克破费了700法郎，买了一根镶着玛瑙的粗大手杖，并在手杖上刻了一行鞭策自己的字：我将粉碎一切障碍。

正是这句无所畏惧、一往无前的名言，支持他渡过难关。后来，柳暗花明，他果然成功了。

巴尔扎克的作业和手杖，又一次证明了无数成功的人士坚信的箴言："勤能补拙是良训，一分辛苦一分才。"在成功和失败之间，并没有一道不可逾越的鸿沟。对绝大多数人而言，一个人在某一方面的成功，主要并不决定于天才，只要按既定目标执着地追求，天长日久，水滴石穿，就没有不功成名就的道理。

才能就是辛苦和勤奋。

成功就是一直在努力。

自己的观音和上帝

宋朝文学家苏东坡，有一个知己——佛印禅师。有一天，两个人在杭州同游，苏东坡看到一座峻峭的山峰，就问佛印禅师："这是什么山？"

佛印说："这是飞来峰。"

苏东坡说："既然飞来了，何不飞去？"

佛印说："一动不如一静。"

东坡又问："为什么要静呢？"

佛印说："既来之，即安之。"

后来两人走到天竺寺，苏东坡看到寺里的观音菩萨手里拿着念珠，就问佛印说："观音菩萨既是佛，为什么还拿念珠，到底是什么意思？"

佛印说："拿念珠是为了念自己的佛号。"

苏东坡又问："她自己是观音，为什么要念自己的佛号呀？"

佛印回答道："那是因为求人不如求己呀！"

真妙！观音菩萨心中那个可以信赖和求助的观音，原来就是自己。这又使人想起一个外国神父对上帝理解的故事。

一个穷人为农场主搬东西的时候，失手打碎了一个贵重的花瓶。农场主要穷人赔，穷人哪里能赔得起。

穷人被逼无奈，只好去教堂向神父讨主意。神父说："听说有一种能将破碎的花瓶粘起来的技术，你不如去学这种技术。只要将农场主的花瓶粘得完好如初，不就可以了吗？"

穷人听了直摇头，说："哪里会有这样神奇的技术？将一个破碎花瓶粘得完好如初，这是不可能的。"

神父说："这样吧，教堂后面有个石壁，上帝就在那里，只要你对着石壁大声说话，上帝就会答应你的。"

于是，穷人来到石壁前，大声对石壁说："上帝请您帮助我，只要您帮助我，我相信我能将破碎的花瓶粘好。"

话音刚落，上帝回答了他："能将破碎的花瓶粘好。"

穷人听后信心百倍，辞别神父，去学粘破碎花瓶的技术去了。

一年以后，这个穷人通过认真地学习和不懈地努力，终于掌握了将破碎花瓶粘得天衣无缝的本领。他真的将那只破碎花瓶粘得像没破碎时一样，还给了农场主。

他找到神父，执意要感谢上帝。神父将他领到了那座石壁前，笑着说："你不用感谢上帝，你非要感谢，那就感谢你自己。其实这里根本就没有上帝，这块石壁只不过是块回音壁，你所听到的上帝的声音，其实就是你自己的声音。你就是你自己的上帝。"

看来，不仅中国的禅师认识到"你就是你自己的观音"，而且外国神父也认识到"你就是你自己的上帝"。这其中可能蕴含着深刻的道理：尽管借助外力是非常必要和重要的，但从根本上说，从来就没有什么救世主，要创造人类的幸福，全靠我们自己！

成功是对勤奋者的奖赏

　　大人物多是屡败屡战的小人物，成功者多是不屈不挠的失败者。

　　中山大学邀请著名企业家翁锦通先生为大学生作演讲，他在演讲中介绍了自己如何从杂役、学徒、管理员，直到跻身实业界成为大企业家的坎坷经历。这位企业家的艰苦创业，使台下的大学生们感动得掉下了眼泪。

　　翁先生认为，年轻人不要只羡慕他今天的财富和地位，而要明白一个人只有靠勤奋，才能堂堂正正地获得成功。

　　翁先生告诉大学生，自己今天的成功，全是靠吃大苦、耐大劳闯出来的。因此，翁先生自称"是从泥地里站起来的孩子"。

　　翁先生认为勤奋是自己的成功之本，于是给儿孙定了一条家规，即"三勤四不懒"。"三勤"是指：勤于守时、勤于守职、勤于创造；"四不懒"是指：脑、口、手、脚一概不能有丝毫懒惰。"三勤四不懒"中最主要的一个思想就是"勤"字，日日勤奋，永远勤奋。

　　勤奋是成功者的本质特征，或者说，成功是对勤奋者的奖赏，这不仅是翁先生一个人的深切体会，而且也是美国女博士米凯尔广泛调查的结论。

　　为了揭示成功的规律，米凯尔曾调查过1000名世界一流的发明家、科学家、企业家等各行各业的成功人士，发现他们主要有以下12项共同特征（以下要点摘自《台湾日报》）：

1. 热爱自己的工作。
2. 有积极的生活态度，充满自信心，他们从未想过自己不会成功。
3. 能从不愉快的经历中发现自己的实力。
4. 有决断力和自制力，他们清楚地了解自己的人生目标，并选择最佳方式去追求目标。
5. 正直、诚实，愿帮助他人成功。
6. 坚持不懈，直到成功。
7. 有冒险精神，失败后能很快振作起来。
8. 善于与人沟通，遇到问题能主动听取别人的意见。
9. 能团结人，会用人。
10. 身体健康，精力充沛，懂得合理安排与利用时间。
11. 不以自己的成功而居功自傲，他们在获得成功时会说，是因为抓住了机遇。
12. 有目标感，并希望对社会做出自己的贡献。

千名成功人士12项共同特征的主要内容，可以用天资、机遇和勤奋这3项来概括。如果不勤奋，再高的天资也会束之高阁、逐渐退化；如果不勤奋，再好的机遇也会转瞬即逝、无影无踪。所以，从根本上说，勤奋，只有勤奋，才是千名成功人士12项共同特征中的本质。

勤奋是成功者的本质特征，或者说，成功是对勤奋者的奖赏。这是众多成功人士的共识。

成功的公式

爱因斯坦在《自述片断》中写道：A 代表成功，X 代表艰苦的工作，Y 代表休息，Z 代表少说废话。于是得到这样一个关于成功的公式：A=X+Y+Z。在爱因斯坦的成功公式中，最为强调的是艰苦的工作。

卡耐基在论成功时形象化地说，烹调"成功"的秘方是把"抱负"放到"努力"的锅中，用"坚韧"的小火炖熟，再加上"判断"做调味料。于是得到这样一个关于成功的公式：成功＝努力＋抱负＋坚韧＋判断。在卡耐基的成功公式中，最为强调的是努力。

季羡林回顾七八十年之经验，认为决定成功的有三个条件，即天资、勤奋和机遇。他对这三个条件进行了这样的分析：天资是由"天"来决定的，我们无能为力。机遇是不期而来的，我们也无能为力。只有勤奋一项完全是我们自己决定的，我们必须在这一项上狠下功夫。于是得到这样一个关于成功的公式：成功＝勤奋＋天资＋机遇。在季羡林的成功公式中，最为强调的是勤奋。

"疯狂英语"的创始人李阳这样总结成功的秘诀：凡事比别人多一点点！多一点努力，多一点自律，多一点实践，多一点疯狂……多一点点就能创造奇迹！成功的秘诀原来就是四个简单的字：多一点点。于是得到这样一个关于成功的公式：成功＝多一点努力＋多一点自律＋多一点实践＋多一点疯狂……在李阳的成功公式中,最为强调的是多一点努力。

看来,尽管他们对成功公式的表述有所不同,但对决定成功的根本条件的认识却完全一致:成功主要是来自多工作,多勤奋,多努力。

看一个人的心术,可以看他的眼神;看一个人的身价,可以看他的对手;看一个人的底牌,可以看他的朋友;看一个人的成功,可以看他的汗水。成功就是百分之九十九的汗水加百分之一的灵感,或者加百分之一的其他。

努力的人最聪明

约翰和汤姆是相邻两家的孩子，他俩从小就一起玩耍，一起上学。约翰是一个极其聪明的孩子，学什么都是一点就通，考试常常名列前茅。大家都夸他天资过人，他自己也感到自豪与骄傲。与约翰相比，汤姆的脑子显然不够机灵，甚至有点愚钝。尽管汤姆也很用功，但学习成绩却难以进入前十名。时间久了，他时常流露出自卑与无奈的表情。

然而，汤姆的母亲却总是鼓励他："在开始的时候，尽管有些奔驰的骏马总是呼啸着遥遥领先，但首先抵达目的地的，却往往是有非凡耐心和毅力的骆驼。如果你能坚持不懈地努力，就完全可以做出连自己都感到吃惊的成绩。"

后来，汤姆母亲的话果真被事实所验证。聪明的约翰自诩是个聪明人，但一生业绩平平，没能成就任何一件大事。而自觉很笨的汤姆，却不断地从各个方面充实自己，一点点地超越自我，最终成就了辉煌的业绩。

约翰愤愤不平，以致郁郁而终。他的灵魂飞到了天堂后，质问上帝："我的聪明才智远远超过汤姆，我应该比他更出类拔萃才是，可为什么你却让他成了人间的佼佼者呢？！"

上帝笑了笑说："可怜的约翰啊，你至死都没能弄明白：我把每个人送到世上，在他生命的'褡裢'里都放了同样的两件礼物——'聪明'与'努力'。只不过你把'聪明'放到了'褡裢'的前面,把'努力'放到了'褡裢'的后面。你因为常常看到或触摸到'聪明'而沾沾自喜,却忽视了'努力',所以聪明反被聪明误,一生业绩平平!而汤姆与你恰恰相反,把'努力'放到了'褡裢'的前面,把'聪明'放到了'褡裢'的后面。他看不到自己的聪明,并由自卑转变为努力,总是锲而不舍地努力!努力!再努力!向前!向前!再向前!所以,他成就辉煌。"

　　约翰又问道:"照你这么讲,那聪明人和愚钝人是可以相互转化的吗?什么样的人才是最聪明的人呢?"

　　上帝又笑了笑说:"是的,是这样。用进废退,概莫能外。如果聪明人总以为自己知道的很多而不再努力,就会逐渐变成愚钝人,如果愚钝人总以为自己知道的很少而不断努力,就会逐渐变成聪明人。只有不断努力的人,才是最聪明的人。简言之,努力的人最聪明。"

人人都是自己命运的建筑师

1942年1月8日,史蒂芬·威廉姆·霍金生于英格兰。很难想象,他年仅20岁就患上一种肌肉不断萎缩的怪病,整个身体能够自主活动的部位越来越少,以致最后永远地被固定在轮椅上。可他并没有因此而中断学习和科研,一直以乐观的精神和顽强的毅力攀登着科学的高峰。

霍金从牛津大学毕业后,长期从事宇宙基本定律的研究工作。他在所从事的研究领域中,取得了令世人瞩目与震惊的成就。他有12个荣誉学位,是英国皇家学会会员,也是美国国家科学学会会员,获得过许多奖励,写出了像《时间简史》和《黑洞、婴儿宇宙及其他》这样享誉全球的畅销书。他成为所研究领域中的大师级人物。

有一次,霍金坐在特制的轮椅上借助电脑给听众作学术报告。就在报告结束之际,一位女记者登上讲坛,提出一个令全场听众感到十分吃惊的问题:"霍金先生,疾病已将您永远固定在轮椅上,您不认为命运让您失去的太多了吗?"

怎样看待永远被固定在轮椅上的命运?这显然是个触及伤痛、难以回答的问题。顿时,报告厅内鸦雀无声,每个人几乎连自己呼吸的声音都能听得到。

此刻,只见霍金的头部斜靠着椅背,面带着安详的微笑,用能动的手指敲击键盘。随后，人们从屏幕上缓慢显示出的文字，看到了这样一段震撼心灵的回答："我的手指还能活动，我的大脑还能思维；我有终生追求的理想，有我爱和爱我的亲人和朋友。"

顿时，报告厅里响起了长时间热烈的掌声，那是从人们心底里迸发出的敬意和钦佩。

霍金对自己永远被固定在轮椅上的命运，不仅没有丝毫的抱怨和悲观，而且充满了真诚的感激和自信。他用自己的精彩人生告诉世人："没有不可战胜的坎坷命运，人人都是自己命运的建筑师。"

尽力而为还不够

在美国西雅图的一所著名教堂里,有一位德高望重的牧师——戴尔·泰勒。

有一天,他向教会学校一个班的学生们讲了下面这个故事。

那年冬天,猎人带着猎狗去打猎。猎人一枪击中了一只兔子的后腿,受伤的兔子拼命地逃生,猎狗在其后穷追不舍。可是追了一阵子,兔子跑得越来越远了。猎狗知道实在是追不上了,只好悻悻地回到猎人身边。猎人气急败坏地说:"你真没用,连一只受伤的兔子都追不到!"

猎狗听了很不服气地辩解道:"我已经尽力而为了呀!"

再说兔子带着枪伤成功地逃生回家了,兄弟们都围过来惊讶地问它:"那只猎狗很凶呀,你又带了伤,是怎么甩掉它的呢?"

兔子说:"它是尽力而为,我是竭尽全力呀!它没追上我,最多挨一顿骂,而我若不竭尽全力地跑,可就没命了呀!"

泰勒牧师讲完故事之后,又向全班郑重其事地承诺,谁要是能背出《圣经·马太福音》中第五章到第七章的全部内容,他就邀请谁去西雅图的"太空针"高塔餐厅参加免费聚餐会。

《圣经·马太福音》中第五章到第七章的全部内容有几万字,而且不押韵,要背诵其全文无疑有相当大的难度。尽管参加免费聚餐会是许多学生梦寐以求的事情,但是几乎所有的人都浅尝辄止，望而却步了。

几天后，班中一个 11 岁的男孩，胸有成竹地站在泰勒牧师的面前，按要求从头到尾地背诵下来。他背得那么好，竟然一字不漏，没出一点差错。他的背诵听起来那么美妙，简直就是声情并茂的朗诵。

泰勒牧师比别人更清楚，就是在成年的信徒中，能背诵这些篇幅的人也是罕见的，何况是一个孩子。泰勒牧师在赞叹男孩那惊人记忆力的同时，不禁好奇地问："这么长的文字，你是怎样背下来的？"

这个男孩不假思索地回答道："我竭尽全力。"

16 年后，这个男孩成了世界著名软件公司的老板。他就是比尔·盖茨。

泰勒牧师讲的故事和比尔·盖茨的成功背诵对人很有启示：每个人都有极大的潜能。正如心理学家所指出的，一般人的潜能只开发了 2%—8%，像爱因斯坦那样伟大的大科学家，也只开发了 12% 左右。一个人如果开发了 50% 的潜能，就可以背诵 400 本教科书，可以学完十几所大学的课程，还可以掌握二十来种不同国家的语言。这就是说，我们有 90% 的潜能还处于沉睡状态。谁要想出类拔萃、创造奇迹，仅仅做到尽力而为还是远远不够的，特别是在关键时刻，还必须竭尽全力。

八倍努力的足迹

1954年11月14日,一个黑人女孩出生于美国亚拉巴马州的伯明翰。她就是康多莉扎·赖斯。她的父亲曾任丹佛大学副校长,母亲是小学音乐教师。

从女儿懂事起,父母就反复告诉她:"如果你付出双倍的努力,就能赶上白人的一半;如果你付出四倍的努力,就能与白人并驾齐驱;如果你付出八倍的努力,就一定能将许多白人甩在身后。"

从刚懂事开始,赖斯就在人生的跑道上留下了付出八倍努力的足迹。

1958年,年仅4岁的她为了表示对一位老师的敬意,在一个咖啡馆举行了首场独奏音乐会,展示了她跟母亲学弹钢琴的成绩。

1965年,父亲带着11岁的赖斯去华盛顿游玩,并在白宫的总统办公室桌前拍照留念。父亲满怀深情地对她说:"即使你在餐馆里连一个汉堡也买不起,你也有可能当上美国总统。"当时,她说出了一句让父亲无比欣慰的话:"总有那么一天,我会在白宫工作。"

1969年,15岁的她便成为丹佛大学的学生,学习英国文学和美国政治学。

1974年，20岁的她大学毕业，成为获得政治学荣誉奖的学生之一，同时她还获得杰出高年级女生奖。

1975年，她获得圣母大学的政治学硕士学位。

1981年，27岁的她获得丹佛大学国际研究生院政治学博士学位，成为斯坦福大学教授。

1985年至1986年，她任胡佛研究院研究员。

1988年大选后，老布什总统的国家安全事务助理斯考克罗夫，把赖斯揽到门下，让她主管苏联事务。

1989年，刚满34岁的赖斯出任乔治·布什总统的国家安全事务特别助理，成为有史以来美国政府中职位最高的黑人妇女。

1993年至1999年，她出任斯坦福大学教务长，成为该校历史上最年轻的教务长，也是该校第一位黑人教务长。

2000年，在美国大选时，她作为共和党总统候选人乔治·沃克·布什的首席对外政策顾问，出谋划策。布什当选总统后，任命她为总统国家安全事务助理，成为布什总统的得力助手。

2001年1月22日，布什正式入主白宫。他率领内阁高级官员在白宫东翼大厅举行了就职宣誓仪式，赖斯站在布什高级顾问卡尔·罗夫的左侧："我，康多莉扎·赖斯庄严宣誓，我将支持并保卫美国宪法不受任何国内外敌人的侵犯；我将对美国宪法保持忠诚；我是自愿承担这一义务的，精神上无所保留与逃避；我将忠实履行将要就任的职务。愿上帝帮助我。"

2002年2月，赖斯随布什总统访华。

2004年7月，赖斯对中国进行访问。

2004年8月，美国《福布斯》杂志评出世界100位最有影响力的女性，50岁的赖斯名列榜首，而美国第一夫人劳拉·布什屈居第四，前第一夫人希拉里则排在第五位。

2005年1月,她出任国务卿,是继克林顿政府的马德琳·奥尔布赖特之后美国历史上第二位女国务卿。布什对她给予高度的赞扬,国务卿是"美国的脸","世界将从赖斯博士的身上看到美国的力量、仁慈和风度"。

康多莉扎·赖斯付出八倍努力的足迹,似乎在告诉黑人,在告诉白人,在告诉天下所有的人:尽管人生下来就存在着种种的不平等,但加倍努力无疑是可以改变卑微命运的成功之母。

勤奋才能出类拔萃

法国雕塑家罗丹（1840—1917）在艺术的巅峰时期，产生了一个强烈的创作愿望，就是给著名的作家巴尔扎克做个塑像。由于他比巴尔扎克小41岁，对其许多情况自然很不熟悉。为了做好创作的充分准备，他访问了巴尔扎克的故乡，收集了巴尔扎克从幼年到临终前的许多照片，还反复阅读了巴尔扎克的许多作品。然后，他根据巴尔扎克不同时期的照片雕塑了一个个胸像。在完成上面的工作以后，罗丹感到，用胸像来表现巴尔扎克的形象还远远不够。他决定雕塑一座巴尔扎克的全身像，但最大的困难是没有巴尔扎克身体各部分长短肥瘦的数据。于是，他几乎跑遍了巴黎的所有成衣铺、查了几万张单据，总算查到了有关巴尔扎克身材的可靠的数据。前后经过7年多的努力，罗丹终于成功地完成了在雕塑史上占有重要地位的杰作——巴尔扎克的全身塑像。

俄国画家列宾（1844—1930），为画好《涅瓦河边的普希金》，阅读了普希金大量的诗文和相关的历史书籍，进行了长时间的构思，画了数百张草图。在各种草图上，他描绘了在各种背景下普希金的不同姿态和神情：有在涅瓦河岸岩石上坐着沉思的普希金，有在金色阳光照耀下的涅瓦河边兴致勃勃地漫步的普希金，有在涅瓦河边农舍里跟老农促膝谈心的普希金……为了确立和深化主题，列宾反复修改草图，前后花了长达20年的时间，终于成功地完成了在绘画史上占有重要地位的杰作——《涅瓦河边的普希金》。

古往今来，不只是罗丹和列宾为自己的杰作付出了多年的辛劳和汗水，还有许许多多的传世之作也都是作者多年辛劳与汗水的结晶。请看：

李时珍写《本草纲目》用了7年。

曹雪芹写《红楼梦》用了10年。

左思写《三都赋》用了10年。

司马迁写《史记》用了15年。

徐霞客写《徐霞客游记》用了34年。

摩尔根写《古代社会》用了40年。

……

一日之计在于晨，一年之计在于春，一生之计在于勤。对于大部分人来说，只有经过持之以恒的勤奋，才能真正走上有所作为、出类拔萃之路。因为，勤奋是好运与成功之母。

不努力就不会出头

李昌钰是美国警界有史以来职位最高的亚裔执法官员。他参与了美国及世界17个国家6000多起重大刑事案件的调查和侦破。在震惊世界的"肯尼迪暗杀案""克林顿性丑闻案""辛普森杀妻案""9·11"事件后法医勘查等大案要案的调查和侦破中，都留下了他明察秋毫的睿智和不受外力所干扰的独到见解。他开创了科学证据定罪的先河，被誉为"物证鉴识大师""现场重建之王""现代福尔摩斯""犯罪克星"。

许多人都知道，在看起来人人平等的美国，有一个无形的限制：如果不是白人，奋斗到一定的地位与层次，几乎就再也上不去了。但是，李昌钰却打破了这个惯例。1998年7月，他在康州州长的邀请下出任警政厅厅长，成为美国警界职位最高的亚裔人士。

李昌钰究竟有着怎样传奇的人生经历呢？

1938年11月，李昌钰出生在中国江苏省如皋县，4岁那年随父母举家迁居台湾。由于父亲在海上遇难，全家13个孩子全由母亲一人抚养，家境甚为贫寒。他只有一双鞋，常常是赤脚上学，到了学校门口才穿上。为了省钱，1956年，18岁的他考入了台北中央警官学校，毕业后做了一名普通警察。

1964年，李昌钰和夫人带着两只箱子赴美国留学。下飞机时，他身上只有50美元。为了凑足学费，他半工半读，一度身兼数职。他做过餐馆的服务员、证券行的小职员，还教过中国功夫。这样的生活持续了10年，但他却用两年半的时间修完了4年的大学课程。美国的大学毕业典礼需要学生自己掏腰包，他没有钱参加学校的毕业典礼，于是将毕业典礼放在家里举行。

1975年，他在获得纽约大学生物化学及分子化学硕士和生化博士学位之后，应聘康州纽海芬大学，两年后升为终身教授及系主任。他高兴地告诉妻子宋妙娟，现在可以叫他李博士或者李教授了。

1979年，康州州长邀请李昌钰担任康州刑事鉴识中心主任，不过每年的薪水将至少减少两万美金。他的母亲告诉他，钱多钱少没关系，为中国人争口气是最重要的。李昌钰上任后，果然以精湛的鉴定技术屡破奇案，逐渐成为享誉全美的警界精英。

有人曾向李昌钰请教："怎样才能将梦想变成现实？"

他回答说："现在很多人把我说得太神奇、太超乎寻常了。其实自己是个普通人，靠的是不断接受最新的科技，靠的是勤奋努力，靠的是团队精神。人生要有目标，要有理想，这样才能将昨天的梦想变成今天的现实。"

也有人曾向李昌钰请教："成功是不是主要靠运气？"

他回答说："运气固然很重要，但更重要的是能够坚守理想，知难而上，知其不可为而为之。只有这样，你才能成功。"

还有人曾向李昌钰请教："成功的秘诀是什么？"

他用49个字道出了走向成功之路的关键所在："确定人生的目标，培养强烈的欲望，运用潜在的意识，训练合理的判断，建立创造的信心，不断地自我改进，有效地利用时间。"

他特别强调："勤精建业。如果你的努力不如别人多，就永远不会有出头的机会。"

老茧做证

1904年,原一平出生于日本长野县。23岁时,他离开长野县到东京谋生。30岁时,他步入明治保险公司,成为一名见习业务员。

1936年,大家对年仅32岁的原一平刮目相看了,因为他创下了全日本同行业销售业绩的第一名。36岁时,他被誉为日本的推销之神,成为全日本人寿保险推销员协会的会长。他因对日本寿险的卓越贡献,获得了日本政府颁发的人寿保险最高殊荣奖,并且成为美国百万圆桌协会的终身会员。

在一次大型演讲会上,台下有数千人静静地等待着原一平的到来,渴望能聆听到他获得成功的秘诀。10分钟之后,原一平终于来到了会场。他走上讲台,坐在椅子上,但一句话也不说。半个小时过去了,有人等得不耐烦了,陆陆续续地离开了会场。一个小时过去了,他仍然坐在椅子上,还是一句话也不说。会场上的大部分人已经走了,只剩下了十几个人。

此时,原一平终于开口说话了。他说:"你们是一群求知欲和忍耐力最强的人,我愿意同你们一起分享我成功的秘诀。但不是在这里,而是在我住的宾馆。"于是,十几个人都跟着他走了。

到了宾馆的房间后,原一平脱下外套,脱掉鞋子,坐在床上,把袜子也脱了,然后把自己的脚板亮给十几个人看。人们看到，原一平的双脚布满了老茧，有厚厚的3层。原一平说："这就是我成功的秘诀。所谓的推销之神，其实是靠勤奋跑出来的。"

美国著名的作家和演讲家莱斯·布郎先生，也曾用自己的老茧向别人介绍成功的秘诀。

在一次演讲会上有人问他："众所周知，如今您的演讲酬金高达每小时2万美元。您演讲成功的秘诀是什么呢？"

他指了指左耳上厚厚的老茧，语重心长地说："我初涉演讲界时，一没名气，二没资历，更缺乏个人魅力和经验。可我决心在这个领域里干出点名堂来，不达目的决不罢休。于是，我一天到晚不断地给演讲界的众多名人打电话，虚心向他们学习演讲技能，请求他们帮助联系演讲业务。成名初期，我每天至少打100多个电话，请求各位老师给我机会到他们那里讲演，以便接受他们的指导……这个老茧就是我成功的见证和记录。"

原一平和莱斯·布郎先生都告诫渴望知道他们成功秘诀的人：无论时代怎样发展，无论社会怎样进步，勤奋永远都是任何成功人士所必备的品质。勤奋，自然会让人感到很辛苦，甚至会很痛苦，但是，如果把工作变成可爱的事业，也就苦中有乐了。勤奋虽然不能保证一个人必定成功，但不勤奋却必定不能成功。

力气是才气和运气之母

二月河,本名凌解放,著名的小说作家,主要著作有:《康熙大帝》《雍正皇帝》《乾隆皇帝》《匣剑帏灯》《二月河语》等。他的书本本畅销,有的被香港和台湾的出版社推出了中文繁体版,有的被改编为电视剧热播。他的名字广为人知,被誉为写皇帝的"专业户"。曾有人这样说:"华人在哪里,二月河的读者和观众就在哪里。"

但是,享誉海内外的二月河却仅仅只有高中学历。在老师眼中,二月河并不是一名好学生,因为从小学到中学,他都有留级的经历,直到23岁才高中毕业。

二月河对自己中学的学习生活做了这样的总结:"一塌糊涂数理化,一枝独秀是文史。"他从小痴迷《水浒传》《西游记》等中国古典名著,业余时间都用来读课外书,吃饭时读,躺在床上读,遇到别人催着还书的时候,甚至在课堂上读。

可以说,二月河数十年来坚持钻研《史记》《资治通鉴》《二十四史》等各类古籍,对中国各个朝代的社会制度和各种社会关系具有深刻的理解和把握。

尽管二月河20岁留级,30岁当兵,40岁写作,没有学历,没有背景,不再年轻,也不是比别人聪明,但他身上有着常人不具备的勤奋、专心和毅力。

二月河这样比喻自己的写作生活:"每写一部书,就等于穿越一片大沙漠,确实感到寂寞而空寥,完全是一个独行客。当然,在行进中也能找到自己的乐趣。有些地方写起来很困难,感觉就像是在沙漠里边。绕过去,就有一片绿洲在等待着自己。"

熬夜写作,对二月河来说几乎是家常便饭。实在瞌睡难耐时,他就用烟头烫自己的胳膊,用以驱赶疲惫。当写完《康熙大帝》第一卷的时候,他因劳累过度得了"鬼剃头"。女儿摸着他的头,心痛且幽默地说:"这一块像尼加拉瓜,这一块像苏门答腊,这一块像琉球群岛。"

2000年,二月河又因写作过度劳累引起中风。《乾隆皇帝》这部书,最后完成于病榻之上。大病痊愈后,他不得不远离了大部头的写作生涯。

凤凰卫视电视台的记者许戈辉曾问二月河:"你的学历不高,起步也很晚,为什么你的写作能取得这么大的成就?"

他说:"力气第一,首先要归功于力气,然后才是一点点的才气和自己无法掌握的运气。关键时刻咬着牙,忍着痛苦,也要把自己能做的事情做好。我想,这样才能不辜负父母的教诲,不辜负祖宗的重托,不辜负来人世走一遭。"

二月河说得好啊!在日常生活中,对于大多数人来说,靠才气和运气可以做到的事情,靠力气同样可以做到;靠才气和运气做不到的事情,靠力气仍然可以做到。力气是才气和运气之母。

享受勤奋

1988年至今，刘德华在世界各地所获得的奖项及荣誉已超过300项。其数目之多，被列入吉尼斯世界纪录大全，成为演艺史上的一项世界纪录。1999年，香港政府将"香港十大杰出青年"的光荣称号授予了刘德华。

在香港，很多人提到刘德华，既不说他是偶像，也不说他是明星，而是说："刘德华是香港演艺圈的精神领袖，是香港的精神领袖。"

刘德华为什么会获得如此非凡的成功呢？

有人说他"很香港"，意思是说，他由最底层的草根阶层起步，凭着不屈的精神和顽强的意志力，开创了一番事业。

有人说，他是一个笨鸟先飞的成功典型。

也有人说，他是天分特别好，机遇特别好。

刘德华自己则说："我之所以能成功，主要靠的是两个字：勤奋。别人花一个小时能做成的事，我情愿花三个小时做成，下的功夫比别人多三倍，甚至更多倍。有的人可能会不停地抱怨自己比别人付出的勤奋多，我却能尽情地享受不达目的誓不罢休的勤奋。"

香港一位很有影响的电台老板，在刘德华刚出道的时候听过他唱歌，当即下了评语："此人根本不懂唱歌，也没有唱歌的天分。"从此以后，他不再听刘德华的歌，而且还在多种场合表示："在四大天王之中，刘德华是最差的一个，根本不够天王。完全不应该称四大天王，而应该称三大天王。"

有一次，刘德华当面向他请教："你觉得我唱歌在哪些方面不行？怎样才能改进？"

他表示："自从最初得出我的结论之后，就再没有听过你唱歌，因为觉得没有必要。"

刘德华明白了，原来他是先入为主，凭着最初的那种印象做出了判断，而忽略了人是可以转变的。以后，刘德华每次在香港开演唱会，都主动送票给他。每次站在台上，刘德华也会认真地看一看台下那个位置是否有他的身影。虽然一直没有看到他，但刘德华并不气馁，仍然是送票不误。

2001年的一次演出，站在台上演唱的刘德华，终于看到他坐在台下的嘉宾席上。大概他觉得刘德华送了十几年的票，自己再不去听一听，于情于理也确实有些说不过去。他非常认真地听完了整场演唱会，并且对刘德华的监制说："我一直觉得华仔不会唱歌，现在看来是我错了，华仔真的很会唱歌。"

事后刘德华说："如果他今年还不来听，或者听了也不喜欢，那我就继续努力，继续请他来听，直到他满意为止。"

勤能感人。这就是刘德华在演唱事业上表现的勤奋，同时也是在享受不达目的誓不罢休的勤奋。

刘德华唱歌红了以后，开始尝试自己写歌词，结果遭到歌坛一位前辈词作者的猛踩。这位前辈多次利用做节目或者是接受采访的机会说："华仔填词？他现在文理都还没学好呢，应该先去中文系学几年再说。"

刘德华就是不服输，越有人看不起他，他的斗志就越昂扬，也越下苦功夫。功夫不负有心人，后来刘德华在这方面的才能，竟然是一天胜过一天。

刘德华谈到这段经历时说："多年来我填词，我尊敬的这位前辈从说我填出来的歌词文理不通，到赞我愈写愈好，其间无论是批评还是鼓励，都让我获益良多。"

勤能补拙。这就是刘德华在填词事业上表现的勤奋，同时也是在享受不达目的誓不罢休的勤奋。

张艺谋是一位极其优秀的导演，在演员心目中有不可替代的地位，演员都渴望被他选中角色。在张艺谋刚红不久，就是拍《古今大战秦俑情》前往香港做宣传的时候，刘德华第一次认识他，便向他提出要求，希望充当张艺谋戏中的角色。

可是十几年过去了，张艺谋一直都没给刘德华机会。刘德华并不放弃，而是继续努力，只要见到张艺谋，便会提出同样的要求，一直要做到张艺谋认可为止。

张艺谋不知是被他的执着打动了，还是真的觉得他会演戏了，筹拍《十面埋伏》的时候，给了他一个角色。

事后，记者就刘德华的演技采访了张艺谋。他说："没料到，刘德华真的很勤奋，很会演戏。他竟然能够拍同一个镜头时，连哭5次。"

天道酬勤。这就是刘德华在电影事业上表现的勤奋，同时也是在享受不达目的誓不罢休的勤奋。

热爱你的工作

1976年,年仅21岁的史蒂夫·乔布斯和朋友们一起在父母的车库里开创了苹果电脑公司。在大家的推选下,他出任CEO,即首席执行官。在他的率领下仅仅用了10年时间,苹果电脑公司就发展成拥有4000名员工、有20亿美元的企业。

1985年,乔布斯荣获由里根总统授予的国家级技术勋章。但他怎么也没想到,就在这时候,自己竟然被董事会炒了鱿鱼!因为,在苹果公司快速发展的时候,雇用了一个很有天分的人和他一起管理这个公司。在最初的几年,他们配合得很好。但是后来,他们对未来发展的看法产生了分歧。在他们争吵得不可开交的时候,董事会站在了反对乔布斯的一边,并将他解雇了。

当时乔布斯想不通:"怎么会被自己亲手创立的公司解雇了呢?"但是,严峻的事实就摆在他的面前。在遭遇解雇的头几个月,他几乎不知道应该做些什么。他成了人人皆知的失败者,甚至想过逃离自己创业的硅谷。但是,最后他决定面对残酷的现实,重新开始创业。

在接下来的5年里,乔布斯又开创了两家公司,并制作了世界上第一部全电脑动画电影《玩具总动员》。这部电影轰动了美国和世界,他再一次成为美国著名的创业明星。与此同时,他认真总结汲取了自己在苹果公司失败的经验教训,逐渐成为一个善于同别人合作的优秀管理者。

  1997年，意想不到的奇迹发生了。鉴于乔布斯创建的新公司非常有活力，他本人又有惊人的进步，苹果公司董事会决定买下他创办的新公司，并请他重新担任苹果公司的CEO。从此，他迎来了人生的更大腾飞。正是这一年，他被评为最成功的管理者，成为《时代周刊》的封面人物。就连当初将他挤出苹果公司的斯卡利也情不自禁地赞叹："乔布斯干得绝对出色！"

  2005年7月29日，美国著名的斯坦福大学邀请乔布斯为大学生作演讲。他在讲到被解雇的那段经历时说："事实证明，当时苹果公司开掉我，这是我这一生所经历过的最棒的事情。如果我不被苹果公司开除，后来的一切都不会发生的。我很清楚，支撑我走出困境、使我东山再起的强大力量，就是我对电脑的痴迷与挚爱，就是我对工作的热爱。"

  乔布斯向大学生们建议："要热爱你的工作。一方面要善于寻找到你所热爱的工作，另一方面又要善于把你所做的工作变成热爱。如果有了对工作的热爱，就有了追求幸福的目标，就有了幸福追求的过程，就有了战胜任何挫折的力量。如果有了对工作的热爱，就不仅能享受到更多的成功，而且能享受到更多的幸福。"

对工作负责就是对自己负责

那天,一群男孩子在公园里做军事游戏。在这个游戏中,有的孩子要扮演将军,有的孩子要扮演上校,也有的孩子要扮演普通士兵。有个"倒霉"的小男孩,抽到了士兵的角色。他要接受所有长官的命令,并按照命令一丝不苟地完成任务。

扮演上校的孩子是亚历山大。他一边用手指着公园里的垃圾房,一边神气十足地对小男孩说:"现在我命令你,立刻去那个堡垒旁边站岗!没有我的命令,你不准离开!"

"是的,上校。"小男孩坚决、清脆地回答。接着,他跑到垃圾房旁边,一本正经地立正、站岗。

时间一分一秒地过去了,天色也渐渐地暗了下来。"长官"们都忘记了这个小男孩,陆陆续续地回家了,自然没有谁来下令为小男孩解除任务。他越来越饿,双腿开始发酸,双手开始无力,但依然坚持着。

公园里几乎没有人了。有一位路人经过那里,劝小男孩赶紧回家。

可是倔强的小男孩不肯答应,坚定地回答:"不行,这是我的任务,我不能离开。"

路人拿这位倔强的小家伙实在没有办法,无奈地摇了摇头,开玩笑地说:"希望明天早上到公园散步的时候,还能见到你,到时我一定跟你说声'早上好'。"

听完这句话,小男孩想,看来小伙伴们真的都回家了。于是,他向路人求助道:"其实,我很想知道我的'长官'现在在哪里。你能不能帮我找到他们,让他们来给我解除任务。"路人答应了。

过了一会儿,路人带来了一个不好的消息:公园里确实已经一个小孩也没有了。更糟糕的是,再过10分钟这里就要关门了。

小男孩开始着急了。他很想离开,可又没有得到撤离的准许。难道真要让自己在公园里一直待到天亮吗?

正在这时,一位军官走了过来。他了解完情况后,脱去身上的大衣,亮出了自己的军装和军衔,以上校的身份郑重地表扬了小男孩,同时也下达了撤离的命令:"你对工作的负责精神让我震惊。任务完成得非常出色!长大以后,你一定是一名优秀的军人!你可以回家了!"

俗话说,从小看到大。后来,这个小男孩果然成为一位赫赫有名的军人——美国著名的五星上将奥马尔·纳尔逊·布莱德雷将军。

布莱德雷将军在回忆录中曾说过这样一句发人深思的话:"一个人无论从事何种职业,都应该全心全意、尽职尽责,这不仅是工作的原则,也是生活的原则。对工作负责,就是对自己负责,就是对事业负责,就是对未来负责。"

命运不会亏待一直努力的人

2009年8月10日,中央电视台国际频道介绍了80岁的英国女模特达芙妮·赛尔夫的传奇故事。

达芙妮的模特生涯开始于1950年。当时她年仅21岁,正在雷丁市的一家百货公司打工。在同事们的劝说之下,她参加了当地的模特大赛。她一举夺得大赛冠军,并很快成为服装公司的签约模特,每天工资为15先令。此后,她为多家公司拍摄了商业广告。

1954年,达芙妮和电视台的舞台监督吉姆·史密斯结婚,先后生下了3个孩子。在婚后的数十年间,她一直做时装模特。尽管事业没有太大的起色,岁月也不饶人,但她始终坚持刻苦地训练,就是年过花甲也从不间断。因为,她实在不愿意放弃自己所钟爱的模特事业。

直到1998年,已经68岁的达芙妮,其模特生涯出人意料地焕发了青春。当时,英国著名模特公司的一名星探看好了她,主动与她联系,以高薪聘请她加盟这家模特公司,并派专人负责照顾她的日常生活。她很高兴,顺利地与这家公司签订了合约。随后,她为《时尚》杂志拍摄了一组照片。没想到照片引起轰动,她一夜成名。

此后,满头银发的达芙妮经常为各种时装品牌和化妆品公司当模特，每天收入高达 1000 英镑。当她身着华丽的服装在 T 台上表演时，可谓"艳惊四座"。观众目瞪口呆地看到，原来一名身为祖母的老太太，竟然也可以如此这般地光彩照人！

更令人感到惊讶的是，达芙妮的身材居然与年轻时相差无几。她 20 岁开始当模特时，身高 1.7 米，三围是 36-24-37 英寸，体重是 63 公斤。目前她已 80 岁，身高 1.69 米，三围是 36-26-36 英寸，体重是 52 公斤。她说："我从来没有刻意节食，体重减轻了，可能主要是因为年龄变大的缘故。"

记者采访这位英国乃至全世界最老的 T 台模特时问："你保持年轻和健康的秘诀是什么？"

她说："我没有什么特殊的秘诀，只是每天坚持训练，保持好心情，吃较多的水果、蔬菜和鱼。"

记者又问："对许多人来说，68 岁就早已是应该告老还乡、颐养天年的时候了，可您为什么大器晚成，80 岁了还灿烂得像花一样？"

她风趣地微笑着说："上帝大概是想通过我的经历告诉大家：命运永远不会亏待一直在努力的人。"

为一中国学员增设的特殊考场

赵新华是我的外甥，在中国石油下属某公司做财务工作，常被派往国外。

那年到沈阳探亲，赵新华给我讲了在委内瑞拉驻外分公司担任财务主管时参加 ACCA 考试的故事。

ACCA 是国际特许公认会计师公会的简称，成立于 1904 年，总部设在英国伦敦。目前，ACCA 在全球 160 多个国家和地区拥有 32 万余名会员和学员，是国际上各国学员最多、发展最快、最具权威性的国际专业会计师组织。要成为 ACCA 的会员，学员必须在 10 年内通过 14 科专业考试，并获取 3 年财务及会计相关工作经验。如果成为 ACCA 的会员，就等于拥有了在世界各地从事专业会计师工作的金字招牌和长效通行证。

赵新华是 ACCA 的学员，在 2005 年被派到委内瑞拉驻外分公司之前，已在北京通过了 9 科考试。遗憾的是，委内瑞拉没有考场，加上他工作脱离不开，所以无法回到北京参加那年 12 月的考试。于是，他在 10 月 15 日给 ACCA 英国伦敦总部学生代表处写了一封求助的电子邮件。邮件中写道：

"我请求 ACCA 总部能够帮助我创造一个机会，使我能在委内瑞拉如期参加今年 12 月的考试。我的理由如下：

一、ACCA 是一个全球性的会计师组织，其网络已经遍布世界各地，完全有能力考虑我这个合乎情理的要求。

二、委内瑞拉是一个非常重要的南美国家，也是世界生产能源的大国，其原油产量已经跃居世界第四位。这个国家无论现在和将来，都需要拥有具备国际特许会计师资格的高级财务管理人才。ACCA总部通过在南美地区培养、发展学员，既可以使自身的发展得到提升，又可以进一步加快国际化的进程。

三、受教育是每一个人的权利。如果仅仅因为我的工作地点的变动，就失去了参加考试的权利，这不公平，对声望很高的ACCA组织也是一个遗憾。

基于以上原因，恳请ACCA总部认真考虑我的请求。我急切地盼望能尽快地得到满意的答复。谢谢！"

这封请求信发出了，可命运将怎样呢？赵新华显然没有把握，只能是期待，焦急地期待。出乎意料的是，发信后的第5天就收到了ACCA英国伦敦总部学生代表处的答复：

"你的信我们已经收到。尽管这封信的到达时间已经超过了规定报名截止时间两天，但我们愿意作为特例，予以帮助。总部已经委托负责南美地区ACCA工作人员认真处理此事，待有了结果后，他们是会与你联系的。"

更加出乎意料的是，第二天赵新华就收到了负责南美地区ACCA工作人员非常热情而明确的答复：

"现在，我们十分高兴地、十分肯定地通知你，我们专门为一个中国学员增设一个特殊考场。您12月9日的ACCA考试地点确定为：委内瑞拉首都加拉加斯的英国市政委员会。考场为：001。考号为：0001。请你如期前往考试。"

也许是为了防止意外，负责南美地区的ACCA工作人员接连三天，每天都给赵新华发出了同样内容的电子邮件，一而再、再而三地重复了对其考试的安排。

为了万无一失，也为了表示感谢，赵新华直接同英国伦敦ACCA总部通了电话，又一次核实确认了可以如期参加考试的喜讯。他在通话中表示："我非常感谢你们，非常敬佩ACCA总部和南美地区工作人员的负责精神和办事效率。我去考试的时候将带上相机，把考场照下来，争取与英国市政厅的考官合个影，留做纪念。我一定争取早日成为会员，一定努力为中国人争光！"

皮特·托马斯先生在ACCA总部接听了赵新华的电话，诚挚地说："您太客气了。其实，我们很敬佩快速发展的中国，也很赞赏中国学员刻苦学习、不畏任何困难的品质。我们所做的一切，都是应尽的职责。我们衷心地祝愿您考试顺利！"

讲完这个用一个电子邮件搞定在国外增设一个特殊考场的故事，已经成为ACCA会员的赵新华深有感触地说："许多原本看似不可能的事情之所以变成可能，一个重要的原因是选择了努力；许多原本看似可能的事情之所以变成不可能，一个重要的原因是选择了放弃。"

努力是将不可能变成可能的桥，放弃是将可能变成不可能的河。

五
把一件事做到极致需要坚持

南宋的罗大经说:"一日一钱,千日千钱。绳锯木断,水滴石穿。"
法国微生物学家、化学家巴斯德说:"告诉你使我达到目标的奥秘吧,我唯一的力量就是我的坚持精神。"

慎终如初少败事

有个老木匠准备退休。他告诉老板，说要离开建筑行业，回家与妻子儿女共享天伦之乐。

老板舍不得做得一手好活计又有很强组织能力的老木匠走，再三挽留，老木匠决心已下，不为所动。老板无奈，只得答应，但问他是否可以继续负责帮忙再建一座别墅，老木匠答应了。

在盖别墅的过程中，大家都看得出来，老木匠的心已不在工作上了。用料也不那么严格，做出的活计也全无往日水准，有时还往自己的家里带些贵重物品。老板并没有说什么，只是在别墅建好后，把钥匙交给了老木匠。

"这已是你自己的别墅。"老板说，"很早以前，我就决定在你退休前送给你一件礼物，也就是你退休前建的这幢别墅。"

老木匠愣住了。他的后悔与羞愧大家也都看出来了。他这一生盖了那么多的好建筑，最后却为自己建了这样一幢粗制滥造的别墅。

很偶然，我是在一个合资企业车间的板报上看到了老木匠盖别墅的故事。我不禁想到了江泽民同志在中央纪委第四次全体会议上讲的语重心长、发人深思的一段话："现在有一种所谓的'59现象'。在接近退休年龄的领导干部中，有的人感觉到自己快要退下来了，就放松对自己的要求，认为可以抓紧捞一把了，不然就没有机会了,结果走上了违法犯罪的邪路。必须针对这个情况,加紧研究,加强防范。关键还是教育领导干部特别是高级干部要保持革命晚节,不断加强党性锻炼,加强思想政治修养,做到永远忠诚老实,廉洁奉公。共产党人时时刻刻都应该把党和人民利益放在首位,对个人的名利地位应该看得淡一些。我们来到这个世界上,对名位钱财之类,生带不来,死带不去,总要多做些有益于国家、社会和人民的事,这才是人生价值的根本体现。"

其实,不管我们是否清醒地认识到,每一个人的每时每刻、一言一行,都在为自己建造着生命的归宿。现在的不负责任的后果,都会或大或小、或迟或早地影响到将来的归宿。这里有一个规律:职位越高的人,责任越重的人,年龄越大的人,其不负责任的后果,对自己将来归宿的不良影响也越大。

一个人做一件、几件好事并不难,难的是一辈子做好事不做坏事。行百里者半九十,编筐编篓全在收口。慎终如初少败事!

为了坐着的权利

1955年12月1日,在美国亚拉巴马州蒙哥马利市一家百货公司工作了一天的黑人裁缝罗莎·帕克斯,登上了回家的公共汽车。那时,公共汽车实行严格的种族隔离制,也就是说,在车厢里白人坐在前半部分,而黑人只能坐在后半部。可是,那一天的黄昏正值下班高峰,上车的人越来越多。于是,白人驾驶员便命令坐在后排的4个黑人乘客站起来为白人让座。其中的3个黑人乘客照办了,只有罗莎·帕克斯太太依然坐着,纹丝不动。

为了坐着的权利,罗莎·帕克斯无所畏惧地向不公正的法令发动了挑战。

很快,她遭到了逮捕,理由是蔑视蒙哥马利市关于公共汽车上实行种族隔离的法令。

此事激怒了一位目光远大的年轻黑人牧师非暴力主义者——马丁·路德·金。他挺身而出,宣传和鼓动大家:"美国民主的伟大之处是公民有为权利而抗议的权利。"他号召所有的黑人兄弟姐妹团结起来,不取消汽车上实行种族隔离的法令,就拒绝乘公共汽车!

马丁·路德·金的号召得到了迅速、强烈而持久的响应。4天后,蒙哥马利市数千名黑人从拒乘公共汽车开始,掀起了一场波澜壮阔的民主运动,一场在美国现代史上留下一笔的为争取基本人权的民主运动。他们扶老携幼、互帮互助,或乘小车或步行,甚至宁肯跑步也不乘公共汽车。

为此,许多黑人被白人老板解雇。罗莎·帕克斯在多次接到白人种族主义者的暗杀恐吓后,不得不迁往密歇根州生活。

但是,面对日益升级的威胁与迫害,黑人争取平等的脚步并没有停顿。他们勇往直前,义无反顾。

为了坐着的权利,罗莎·帕克斯和许许多多的黑人不屈不挠、前仆后继,付出了沉痛而巨大的代价,甚至付出了满腔的热血和宝贵的生命。

历史是在斗争中前进的。时间是最公正、无情的法官。在拒乘公共汽车381天之后,美国最高法院被迫做出关于蒙哥马利市在公共汽车上实行种族隔离的法令是"违宪"的裁定。

黑人又回到了久违的公共汽车上。虽然渴望的权利并没有随着最高法院的裁定书一起完全来到,此后他们还要为捍卫自身的权利付出艰苦的努力,但是在公共汽车上争取与白人平等权利的斗争,毕竟取得了极其深远的影响。

44年过去了,弹指一挥间。

1999年的6月15日,美国国会议员、民权领袖及各界代表近千人,聚集在国会大厅,参加一个隆重的颁奖仪式,即克林顿总统亲自授予这个瘦弱的黑人老妪——86岁的罗莎·帕克斯以国会最高荣誉奖。大家一致赞扬罗莎·帕克斯太太是"美国自由精神的活典范"。

这个朴实无华、散发着慈爱光辉的罗莎·帕克斯太太曾有一句著名的话:"我上那辆公共汽车并不是为了被逮捕,我上那辆公共汽车只是为了回家。"但是,在一个充满种族歧视的车厢里,是坐着还是站起来,确实是一个人类走向文明所必须解决的、迟早绕不开的原则问题。

为什么罗莎·帕克斯不惜冒着生命的危险而不接受站起来给白人让座的命令呢？

克林顿引用了美国黑人领袖马丁·路德·金的话，也许对此是个很好的说明："她坐在那里没有站起来，因为压在她身上的是多少日子积累的耻辱和还未出生的后代的期望。"

为了坐着的权利，实质是为了真理与正义，是为了子孙后代的幸福，是为了实现人类共同的美好梦想。

为了坐着的权利，使人联想到罗马教廷第一次正式为含冤而死的科学伟人伽利略"平反昭雪"。1979年11月10日，罗马教皇当众承认，17世纪30年代，伽利略由于支持"日心说"的天文观而受到罗马教廷的审判，备尝艰辛、吃尽苦头；宣布300多年前对伽利略的审判是不公正的，应撤销给伽利略定的罪名。这是罗马教廷第一次正式为含冤而死的科学伟人"平反昭雪"。

为了坐着的权利，再一次有力地证明，无论是过去，是现在，还是将来，不管邪恶多么强大和猖狂，最终必将被正义所压倒；不管历史前进的道路多么曲折，最终必将要走向光明。

人们和历史记住了罗莎·帕克斯这个勇敢、高尚的黑人妇女的名字，也必将记住一切类似为了坐着的权利而忘我奋斗的人，记住一切为真理和正义而忘我奋斗的人。

一时胜负在于力，千古胜负在于理。

贵恒

天下无难事,只怕有恒人;天下无易事,只怕浮躁人。鲁迅先生早就说过:"做一件事,无论大小,倘无恒心,是很不好的。"

郑板桥在自己的一首诗中道出了持之以恒画竹的体会:"四十年来画竹枝,日间挥写夜间思。冗繁削尽留清瘦,画到生时是熟时。"恒心是达到胜利彼岸的最可靠的通道。

牛顿说过:"一个人没有恒心,他是任何事也做不成功的。"医学史上曾有一种叫"606"的药品。试验这种药品失败过605次,直至第606次才获得成功。试想,研制这种药品的人,如果只试验几次、十几次或几十次,甚至到605次便止步不前,岂不前功尽弃?

美国生物学家吉耶曼和沙得等人,克服了重重困难,顽强地进行下丘脑激素的研究工作。他们在实验中一个接一个地处理过27万只羊脑之后,才获得1毫克"促甲状腺释放因子"的样品。他们持之以恒、百折不挠,终于成功地发现了脑激素,并因此共同荣获了1997年诺贝尔奖。后来有人问吉耶曼和沙得:"什么叫坚忍不拔?什么叫持之以恒?"他们回答说:"那就是逐个地分析100万只羊脑。"

我国教育家陶行知很推崇爱迪生的一句名言:"天才是劳动而有恒心。"

他还经常给学生形象地解释："人才的'人'字上加一横，便成为'大才'，这一横意味着劳力加劳心的主观勤奋精神。如果'大'字上再加一横，就成为出类拔萃的'天才'，这是人双倍努力的结果。"

　　人有恒心万事成，人无恒心万事崩。祖先创造"人"字的时候，就希望后人能像"人"一样，挺拔向上，而人挺拔向上的可贵之处正是有恒。

　　一日一钱，千日千钱。绳锯木断，水滴石穿。只要有恒心，成功迟早会来临。成在恒，贵在恒，难也在恒。行事贵有恒，久久自芬芳。

继续敲门的勇气

英国皇家学院公开张榜，为大名鼎鼎的戴维教授选拔科研助手，年轻的装订工人法拉第听说后激动不已，赶忙到选拔委员会报了名。但临近选拔考试的前一天，法拉第接到通知：他的考试资格被取消了，因为他只是一个普通的装订工人。

法拉第很不服气，急忙赶到选拔委员会去申述。但委员们却对他说："一个普通的装订工人想进皇家学院，没有别的办法，除非你能得到戴维教授的同意！"

法拉第犹豫了，顾虑重重地走到了戴维教授家的大门口。他在门前徘徊了很久，终于敲响了门。门开了，一位老者注视着法拉第，"门又没有闩，请你进来吧。"老者微笑着对法拉第说。

"教授家的大门整天都不闩吗？"法拉第疑惑地问。

"干吗要闩上呢？"老者幽默地说，"当把别人闩在门外的时候，也就把自己闩在屋里了。"

这位老者就是戴维教授，听了法拉第的叙说和请求之后，写了一张字条，说："年轻人，你带着这张字条去，告诉选拔委员会的那些人说，戴维老头同意你参加考试了。"

经过严格的激烈的选拔考试，书籍装订工法拉第出人意料地成了戴维教授的科研助手，迈进了英国皇家学院那高大而华丽的大门。

法拉第靠继续敲门的勇气，敲开了英国皇家学院的大门。1830年，瑞典化学家塞夫斯特穆则靠继续敲门的勇气，敲开了发现钒元素的大门。

在发现钒元素之后，塞夫斯特穆以轻松风趣的科学童话般的笔调，给自己的朋友维勒写了下面的话：

"在宇宙中住着一位漂亮可爱的女神。一天有人敲响了她的门，女神懒得动，等着第二次敲门，谁知这位来宾只敲过一次就走了。女神急忙起身打开窗子张望。'是谁家的冒失鬼呀？'她自言自语道，'啊，一定是维勒！'如果维勒再敲一下，不就见到女神了吗？

"过了几天，又有人来敲门，一次敲不开，就继续敲下去，女神开了门，原来是塞夫斯特穆。他们相晤了，钒元素便诞生了。"

是持之以恒，保持继续敲门的勇气，还是浅尝辄止，放弃继续敲门的勇气，这便是塞夫斯特穆对两位好朋友寻找钒元素成败原因的精彩反思。

法拉第敲开英国皇家学院的大门，靠的是继续敲门的勇气；塞夫斯特穆敲开了发现钒元素的大门，靠的也是继续敲门的勇气。其实，要敲开任何一扇成功的大门，又有谁不需要保持继续敲门的勇气呢？

一个成功者和一个失败者的区别，很多时候并不在于能力的大小或设计的好坏，而在于能否信赖自己的决心，适度地冒险和行动，即能否保持继续敲门的勇气。

在贫穷面前不低头的人

威廉·亨利·布拉格，年轻时在威廉皇家学院求学。

在威廉皇家学院读书的年轻人，大多是富有人家的子弟，衣着很讲究，唯有身材还较矮小的布拉格衣衫褴褛，拖着一双比他的脚大得多的破旧大皮鞋。

尽管布拉格品学兼优，但一些纨绔子弟见他这套装束，不仅讥讽他，而且诬蔑他，硬说这双又破又旧的大皮鞋是偷来的。

一天，老学监把他叫到办公室，两眼死死盯着那双破旧的皮鞋。聪明的布拉格心里明白是怎么回事，便从怀里掏出一张小纸片交给学监。这是他父亲写给他的一封信，上面有这样几句话：

"儿呀，真抱歉，但愿再过一二年，我的那双破皮鞋，你穿在脚上不再嫌大……我抱着这样的希望：果真你一旦有了成就，我将引以为荣，因为我的儿子正是穿着我的破皮鞋努力奋斗成功的。"

老学监看完后，慈爱地紧紧握住布拉格的手，深有感触地说："孩子，对不起，我也误解了你。你的父亲虽然贫穷，但对你满怀希望。有一位好父亲，就是有一笔巨大的财富。你不要辜负他的希望，我也会尽全力帮助你。"

布拉格一边听着，一边流下了热泪。贫穷也曾使布拉格抱怨和沮丧过，但父亲的信和老学监使他变得更加成熟。

布拉格不敢有丝毫的懈怠，而是更加发奋努力，24岁就被聘为数学兼物理学教授。后来他在放射线研究等领域取得了巨大的成就。可以毫不夸张地说，这双破皮鞋对英国著名的物理学家布拉格的成长起了不小的作用。

布拉格成为著名科学家后，依然没有忘记早年穿破皮鞋的经历，语重心长地教育儿子威廉·劳伦斯·布拉格，不要忘记长辈的贫穷，刻苦学习，争取有所成就。在父亲的教诲下，小布拉格经常待在父亲的实验室里，看父亲做试验，一站就是几个小时，默默地观察，表现出惊人的耐力和毅力。父亲心疼儿子，生怕他累坏了，经常要儿子到外面去活动活动，但儿子总是不肯离开。就这样，在父亲的熏陶教育下，小布拉格24岁就成了剑桥研究院院士。

1915年，父子二人同时获得诺贝尔物理学奖。

贫穷不只是罪恶之母，也是一位催人思变和奋进的最好老师。贫穷并不可怕，可怕的是让贫穷扼杀了斗志。在攀登者的眼中，贫穷实在是一笔潜在的巨大财富。因为它就像沉睡千年的火山，一旦苏醒，将喷发出巨大的潜能。

我赞美的不是贫穷，而是赞美人穷志不穷，赞美在贫穷面前决不低头的人。

在绝望中发现希望

在古希腊神话中，有一个西绪弗的故事。

有人诬陷西绪弗犯了天条，天神惩罚他降到人世间服劳役。天神对他的惩罚是：天天把一块大石头推到山顶。

西绪弗每天都费很大的力气才能把那块大石头推到山顶，然后回家休息。可是，在他休息的时候，大石头又会自动滚到山下。第二天，西绪弗还得把那块石头重新往山顶上推。这样，西绪弗所面临的厄运是：永无止境的失败。

天神惩罚西绪弗天天把大石头推上山顶，主要不是想折磨他的身体，而是要折磨他的心灵，使他在"永无止境的失败"中受苦受难受煎熬。

可是，天神的算盘打错了。西绪弗不仅从不感到绝望，而且还能在绝望中发现希望，在苦难中发现乐趣。他想：把大石头推上山顶是我的责任。只要我把石头推上山顶，我的责任就尽到了。至于石头是否会滚落下来，那不是我的事。

因此，当西绪弗奋力推大石头上山的时候，把命运当作事业，心中显得非常平静。他不断地安慰着自己：明天还不会失业，明天还有大石头可推，明天还有希望，明天我会更加强壮。

天神因无法惩罚西绪弗，只好让他又回到了天庭。

在现实生活中，有一个肯尼的故事。

1973年12月,肯尼出生在美国宾夕法尼亚州拉昆村。当母亲看到婴儿只有半截身体时,哭得死去活来。做父亲的比较冷静,再三安慰妻子:"我们要面对现实,不要绝望,生命还在,希望还在。"

肯尼一岁半的时候做了两次手术,腰以下的神经无法恢复,连坐都成了问题。医生却劝肯尼的母亲:凡事要尽量靠他自己的意志和能力去做。母亲接受了医生的忠告,尽量让肯尼料理自己的事情。数月后,肯尼竟奇迹般地坐了起来。不久,他开始尝试用双手走路。

肯尼开始上学了,每天都要装上重达6公斤的假肢和一截假胴体。坐着轮椅上厕所很不方便,每次都有同学帮助他。在这样的环境熏染下,加上几位老师的爱护,使肯尼的心灵得到极大的净化。他爱生命,爱身边的每一个人。

肯尼是个摄影迷,一有空,他就挂上相机,摇轮椅到附近公园去。他一边给人拍照,一边说:"你的眼睛真漂亮,等照片洗出来我要挂在房间里做装饰。"说得姑娘们喜滋滋的。他帮妈妈买东西,有时也替邻居洗车、剪草。这对一个没有下肢的人来说,要有多大的毅力啊!

如今,肯尼已经是加拿大的小影星了。他成功地主演了影片《小兄弟》。

1988年10月,肯尼去台湾访问,在金龙奖颁奖会上,他对记者说:"我在生活中没有困难,遇到困难就和大家一样,找出方法解决。"

小镇上,几乎每个人都迷恋着肯尼。有个老太太每天都站在门口,就是为了多看他一眼。

为什么人们都迷恋只有半截身体的少年肯尼呢?

肯尼的邻居乔安说:"每个人都有烦恼,但是只要看到肯尼,就会觉得自己的烦恼是何等的渺小。"

还有一位邻居说:"我们热爱肯尼,因为有了他,我们提高了战胜困难的勇气。我们要像肯尼那样,对生活充满自信!"

假如命运折断了希望的风帆,请不要绝望,岸还在;假如命运凋零了美丽的花瓣,请不要沉沦,春还在。生活总会有无尽的麻烦,请不要无奈,因为路还在,梦还在,阳光还在,我们还在。

成功问答录

约翰·伍顿是美国 UCLA 篮球队的教练，曾领导球队连续拿到十多次全美篮球比赛的冠军。

有位教练问他："你是如何指导球员，让任何一名球员进入球队后都变成冠军队伍中的一员？如何才能像你一样成功？"

约翰·伍顿回答说："即使是篮球巨星，也要每天站在篮下 5 米处练习 500 次的基本投篮动作。因为球员只有每天练投 500 次，遇到紧急状况时才能有超水准的表现。基本动作是最重要的，时日一久，球员必有相当程度的改变。"

盖瑞·布雷尔是美国高尔夫球场上的名将，在比赛中经常能准确地挥出完美无缺的一杆。

有位高尔夫球运动员问他："怎样才能挥出完美无缺的一杆？如何才能像你一样成功？"

盖瑞·布雷尔回答说："我每天早上起来坚持挥杆 1000 次，双手流血，包扎过后继续挥杆，连续挥了 30 年。"

接着，盖瑞·布雷尔又说："你愿意付出每天早上起来坚持挥杆 1000 次的代价吗？你愿意重复一模一样的单调动作吗？"

比尔·戴维斯是世界第一流的保险推销大师。在他的退休大会上，吸引了保险界的各路精英。许多同行问他："推销保险的秘诀是什么？如何才能像你一样成功？"

比尔·戴维斯坐在台上，自信地微笑着，看来对回答这个问题是胸有成竹，早有准备。

这时，全场灯光逐渐暗了下来，接着从幕后走出了4名彪形大汉。他们合力扛着一座铁马，铁马下垂着一个大铁球。当现场人士丈二和尚摸不着头脑时，铁马被抬到一个十分结实的讲台上。

比尔·戴维斯手执小锤，朝大铁球敲了一下，大铁球没有动；隔了5秒，他又敲了一下，大铁球还是没动。就这样，每隔5秒，他都再敲一下……

10分钟过去了，大铁球纹丝不动；20分钟过去了，大铁球依然纹丝不动；30分钟过去了，大铁球还是纹丝不动……

台下的同行开始骚动了，后来有人陆续离场而去，再后来人越走越多，最后留下来的只有零星几个人。但是，比尔·戴维斯手执小锤，还是全神贯注地持续敲着大铁球。

经过40分钟后，大铁球终于开始慢慢地晃动了，后来摇晃的幅度越来越大，就算有人想让大铁球立刻停下来，也是很难办到的事情了！

留下来的几个同行兴奋了，又开始追问他："推销保险的秘诀是什么？如何才能像你一样成功？"

一直默默不语的比尔·戴维斯说：

"只要方向对头，成功者，绝不会放弃；放弃者，绝不会成功。"

再多走一步

有一天,俄罗斯的著名作家克雷洛夫正在大街上行走,一个年轻的农民拦住他,向他兜售苹果:"先生,请你买些果子吧,但我要告诉你,这筐果子有点酸,因为我是第一次学种果树。"年轻的农民很笨拙地说着。

克雷洛夫对这个憨厚、诚实的农民产生好感,于是买了几个果子,然后说:"小伙子,别灰心,只要努力,以后种的果子就会慢慢地甜起来了,因为我种的第一个果子也是酸的。"

农民听了之后很高兴,认为自己碰到了一个"同行",因而高兴地问:"你也种过果树?"

克雷洛夫笑着解释说:"我的第一个果子是我写的《用咖啡渣占卜的女人》,可是这个剧本直到现在也没有一个剧院愿意上演。"

与克雷洛夫的写作命运相近,海明威最初寄出的几十个短篇全部被退了回来;莫泊桑直到30岁才发表第一篇作品。

其实,第一个果实常常是酸的,这在生活中是一个到处可以看到的普遍现象。

曾被纽约世界美术协会推举为当代第一大画家的张大千先生,博采众长,独成一家,绘画技艺高超。他的许多代表作,都被世界各国的美术家们公认为世界美术宝库中的珍品。然而鲜为人知的是，在张大千先生的艺术生涯中，他第一次成功的画作卖出后仅换得 80 个铜板。在当时，80 个铜板只能买 2 斤腊肉。张大千先生这一个成功之果并未给他带来丰厚的报酬，但他并未因此而放弃追求成功的决心和努力。

英国作家萧伯纳在初学写作之时，给自己规定每日必须完成 5 页稿子的写作任务。就这样苦苦写了 4 年，总共才得到 30 英镑的稿费。但萧伯纳并未因此而灰心丧气，而是鼓起勇气继续写作。又这样苦苦写了 4 年，陆续写出了 5 部长篇小说，先后向 60 多家出版社投稿，全部遭到无情的拒绝。在退稿信上，有的编辑甚至直言不讳地说，他根本不是写作的材料，并劝他放弃自己的写作生涯。但萧伯纳仍然坚持，坚持每天写一定数量的文章。又继续这样苦苦写了 4 年，天道酬勤，他终于成为英国 20 世纪最伟大的作家之一。

第一个果实常常是酸的，这是古今中外、古往今来生活中的一个普遍现象。面对这种现象，萧伯纳曾经说过这样充满哲理的话：

"多走一步，就可以缩短一步接近成功的距离。胜利就在前方，你的任务就是坚持，就是再多走一步！"

滑一跤不是爬不起来

亚伯拉罕·林肯是美国历史上最伟大的总统之一。很多人往往知道他的胜利和辉煌，却不知道他的失败和艰辛，甚至误以为他是命运的宠儿。事实上，生下来就一贫如洗的林肯，几乎终其一生都在面对挫败。以下是他进驻白宫的历程简述：

1816 年，他的家人被赶出了居住的地方，他必须寻找工作以抚养家人。

1818 年，他母亲去世。

1831 年，他经商失败。

1832 年，他竞选州议员——落选了！

1832 年，他努力就读法学院，连工作也丢了，结果却是进不去。

1833 年，他向朋友借一些钱经商，但年底就破产了。接下来他花了 17 年时间，才把债还清。

1834 年，他再次竞选州议员——他赢了！

1835 年，他订婚后马上就要结婚时，伊人却不幸去世了，因此他的心也碎了！

1836 年，他的精神接近完全崩溃，卧病在床 6 个月。

1838 年，他争取成为州议员的发言人——没有成功。

1840 年，他争取成为选举人——失败了！

1843年，他参加国会大选——落选了！

1846年，他再次参加国会大选——当选了，前往华盛顿特区，表现得可圈可点。

1848年，他寻求连任国会议员——失败了！

1849年，他努力实现在自己的州内担任土地局长的职务——被拒绝了！

1854年，他竞选美国参议员——落选了！

1856年，他在党的全国代表大会上，争取副总统的提名——得票不到100张。

1858年，他再度竞选美国参议员——再度落败。

1860年，他当选美国总统。

……

他8次竞选8次落败，两次经商两次失败，甚至还精神崩溃过一次。

好多次，他本可以放弃，但他并没有放弃。也正是因为他没有放弃，后来才能成为美国历史上最伟大的总统之一。

亚伯拉罕·林肯在竞选参议员落败后，这样回顾了自己艰苦跋涉过的漫长泥泞之路："此路破败不堪又容易滑倒。我一只脚滑了一跤，另一只脚也因此而站不稳，但我回过气来告诉自己：'这不过是滑一跤，并不是死掉再也爬不起来了。'"

林肯激励自己永不退缩的这些话，讲出了一个普遍适用的人生哲理：滑一跤，并不是再也爬不起来了。

这使人想到对林肯做过高度评价的马克思说过的一句话："人要学会走路，也得学会摔跤，而且只有经过学会摔跤，他才能学会走路。"

被刺瞎双眼的孩子

在19世纪的美国,几乎所有的工匠对自己赖以为生的技艺的传授,是以父传子、子传孙,代代相传的方式为主。

那时候,有位技艺纯熟的鞋匠,决定将自己的拿手绝活儿,尽早传给自己的孩子。于是,从孩子7岁起,便开始陆陆续续地教他制鞋的技艺。

孩子9岁那年,发生了意外的不幸。鞋匠如往常一样,和他的孩子一起工作着,一不留神,从工作台上掉落一柄制鞋的锥子,锋利的锥子刺中了孩子的眼睛。

尽管鞋匠立即带着孩子赶到医生那里治疗,但在当时医术不发达的治疗条件下,孩子的双眼严重感染,最后束手无策。这个孩子的双眼,没有逃脱失明的厄运。

鞋匠悲伤至极,更加希望孩子长大后能成为有用之人,遂将失明的孩子送到盲人学校去求学,盼望他能早日知书达理,学有所成。

在那个年代,盲人只能借助刻在大木板上的A、B、C字母来练习认字,那些大木板不仅笨重,而且字母也不容易辨识,同时,也很难将书籍刻成数百片的大木板。由于这种种的不便,盲人的识字及阅读,自然是困难重重。

鞋匠的孩子到了盲人学校不久,就产生了改进这种传统的盲文学习方式的强烈愿望。他在学习之余的闲暇时间，努力探索、寻找一种更理想、更方便的盲人阅读方式。

只要敢梦想，付诸实践，就会有做到的一天。经过几年的呕心沥血，鞋匠的孩子终于发明出一种新式的盲人阅读法。这种新方法不再采用笨重的大木板，而是在纸上敲打出不同排列方式的小点，用来代表不同的英文字母及数字。这种新方法不仅容易学会，携带方便，而且还可以大量印制供盲人阅读的点字书籍。

这个被锥子刺瞎双目的孩子就是布莱叶，人们将他发明的盲文，称为"布莱叶盲文"。他给盲人带来了认识世界的新的广阔天地。

厄运既是弱者的深渊，也是强者的宝藏；厄运既能使弱者变得更加渺小，也能使强者变得更加高大。真正的强者，不会因幸运而趾高气扬、固步自封，也不会因厄运而垂头丧气、一蹶不振。真正的强者，能在幸运中看到阴影，也能在厄运中发现光明。世界上的很多奇迹，都是真正的强者在厄运中建树的。

挑战命运的赠言

在南卡罗来纳州的财经学院，在又一批毕业生即将离开学院走上工作岗位的时刻，学院请来了从该院毕业的、美国财政部的女部长阿济·泰勒·摩尔顿，请她给毕业生作报告。

报告会开得生动活泼，同学们踊跃地提出了不少的问题，女部长推心置腹，都给予了明确的回答。其中的一个毕业生问道："如果情况不如意，我们应该怎么办？"

女部长阿济·泰勒·摩尔顿这样说："我的生母是聋子，因此没有办法说话。我不知道自己的父亲是谁，也不知道他是否在人间。我这辈子找到的第一份工作很普通，是到棉花田里去摘棉花……"

台下的听众全都惊呆了，他们的确没有想到，他们一向认为是命运宠儿的女部长，竟有如此不堪回首的过去。

她接着说："如何面对不如意，是无所作为与有所作为的重要分野。无所作为的人面对不如意，经常是苦闷，是彷徨，是忍受，是却步，是交出梦想，是缴械投降，是低下原本高贵的头颅；而有所作为的人面对不如意则不同，经常是蔑视，是抵抗，是呐喊，是战斗，是无所畏惧，是英雄气概。"

她继续说："人生处处都会遇到不如意。一个人的未来怎么样，并不完全取决于生下来的状况，并不完全取决于外界环境，也并不完全取决于运气，而是主要取决于自己如何面对不如意。"

她以坚定的语气说："哪里有不如意，哪里就有改变不如意的办法。如果情况不如意，我们总可以想办法加以改变。一个人若想改变眼前充满不幸或不尽如人意的情况，只要回答这个简单的问题：我希望成为什么样的人？是成为无所作为的人，还是成为有所作为的人？当你提出这个问题时，就如同对你的命运下了挑战书。然后采取行动，全身心投入，朝着有所作为的理想目标坚定不移、不屈不挠地前进。"

在结束回答这个问题的时候，她轻轻地、语重心长地重复方才说过的话："如果情况不如人意，我们总可以想办法加以改变。"

第二天，媒体报道了女部长阿济·泰勒·摩尔顿与毕业生的对话，醒目的大黑字通栏标题是"如果情况不如人意，我们总可以想办法加以改变"，副标题是"送给毕业生的挑战命运的赠言"。

一百次签名锁定的爱情

克鲁伊夫是荷兰的足球明星,曾5次被评为荷兰"足球先生",3次被评为欧洲"足球先生",在足球世界享有很高的声誉。他的大名在欧洲是家喻户晓,在世界体坛上也是赫赫有名。

克鲁伊夫风度翩翩,不仅球艺高超,而且平时的言谈举止也十分讲究,深得姑娘们的青睐。他对于众多姑娘的来信,一直没有太理会。因为他不愿因此而影响自己的事业,他要抓紧时间在绿茵场上继续驰骋。

但是,这位足球明星却被一位崇拜他的球迷姑娘迷住了。那天傍晚,克鲁伊夫照例又看到了来自世界各地的许多来信,其中有许多是姑娘的情书。可与众不同的是,他收到一个十分精致的日记本,每一页上都只有一个名字,那名字都是他的亲笔签名——克鲁伊夫,一页、二页、三页……共100页,页页如此。这顿时引起了克鲁伊夫的好奇心。他一直翻下去,直到最后才发现有一篇文章,那秀丽流畅的笔迹使克鲁伊夫惊诧不已,一口气便读完了它:

"……我已经看过你踢的100多场球,每一场都要你签名,而且也得到了,我是多么幸运啊!当然,对于拥有无数崇拜者的你来说,我是微不足道的一个,'爱是群星向天使的膜拜',但我敢说,我是群星中最幸运、最灿烂的一个球迷,我多么希望你对我已经有了一点印象啊……"

克鲁伊夫震惊了,想不到世界上有如此痴情而机智的姑娘,一股幸福的暖流涌遍了他的全身……一星期后,21岁的世界足球明星和19岁的美丽姑娘订下了终身大事。他们深感情投意合,相见恨晚。

这位美丽的姑娘射进了制胜的一"球",她获胜了,借助绝妙的传播技艺,她赢得了克鲁伊夫的全部注意和全部爱情。

战胜厄运的巨人

公元前870年,荷马诞生于希腊境内小亚细亚的一个世袭贵族家庭,从小就受到了良好的教育。他在幼年时期无忧无虑,最倾心的是自然山水和神庙建筑。

就像俗话说的一样,天有不测风云,人有旦夕祸福,就在他风华正茂的少年时代,小亚细亚城邦发生了一场可怕的瘟疫,整整持续了半年多的时间,夺去了一批又一批患者的生命。荷马也不幸染上了瘟疫,父母赶紧请来了最好的医生为他诊治,生命虽然保住了,但荷马一双明亮的眼睛却永远地失去了光明。

在最初的黑暗日子里,荷马以及他的家人都因此而陷进了痛苦的万丈深渊。其实,最痛苦的是母亲,但最先从万丈深渊中挣扎出来的也是母亲。母亲耐心地开导荷马:"厄运是魔鬼,它夺走了你的光明。厄运也是天使,它是一座深不可测的宝藏。要在厄运中赶走魔鬼、拥抱天使,最重要的美德就是坚韧。世间有很多奇迹,都是在厄运中创造的。"在母亲的教诲下,荷马开始迎接厄运的挑战,朝气蓬勃地投入了新的生活。

有一天,母亲请来了一位会弹竖琴的行吟诗人,为荷马弹唱古代英雄的故事。这位行吟诗人的表演达到了炉火纯青的境界,荷马被优美的琴声和悲壮的故事感动得流下了热泪。

他当即请求母亲将这位行吟诗人留在家里,教自己吟诗弹琴，母亲满怀希望地答应了荷马的请求。

三年后，聪慧的荷马已经比较熟练地掌握了弹琴的技巧，并且学会了用诗歌来吟唱故事。他的琴声和歌声都极有魅力，很快就引起了人们的普遍关注。然而，时隔不久，那位行吟诗人却因为年老多病而离开了人世。

为了吟唱诗歌和收集古老的故事，17岁的荷马离家远行。从此，他风餐露宿，历尽千辛万苦，走遍了整个希腊的大地。在广泛收集民间故事的基础上，荷马用自己丰富的想象能力和非凡的文学才华，创作出了两部史诗：《伊利亚特》和《奥德赛》。

《伊利亚特》叙述的是希腊人因为绝代美女海伦而与特洛伊人展开的一场长达数十年的战争；《奥德赛》描写的是这场战争结束后，英雄奥德修斯漂泊回乡所经历的复仇之旅。这些故事将人们带到了壮美的爱情和严酷的战争之中，感动了成千上万的希腊人，使他们了解了自己先民的历史，并把一种英勇不屈的气质融入了民族的血液。正是这两部永留青史的辉煌史诗，被公认为是希腊文学的源头，对世界文学史的发展也产生了深远的影响。

幸运令人羡慕，但战胜厄运所创造的奇迹更令人赞叹。公元1873年，德国考古学家海因利希·施尔曼，在小亚细亚发掘出了荷马史诗中所描写的特洛伊城，从而结束了人们长久以来有关荷马史诗的疑惑，彻底证实了荷马史诗的文学及史学价值。后来，欧洲的史学家们将荷马史诗所述说的历史时代（约公元前11世纪—公元前9世纪），称为"荷马时代"。意大利著名诗人但丁对荷马有极高的评价，称之为"诗人之王"。希腊人以荷马而自豪，称之为"战胜厄运的巨人"。

成功蕴含着执着

爱因斯坦上小学的时候,美丽且善良的女老师在手工课上布置了一个作业:课后每个同学做一件简单的日常生活用具,下周上手工课时交齐。

转眼之间就到了交手工作业的日子,同学们都争先恐后地向老师交上自己的作业,可只有爱因斯坦犹豫不决,没有立刻交上来。老师望着这个数学、几何都非常出色的小男孩,相信他一定会交上一件相当不错的作品。

出乎老师的意料,爱因斯坦交上来的是一只做得很粗糙的木板小凳,有一条凳腿显然是钉偏了。

教师和气地问:"就这个吗?"

爱因斯坦不好意思地点点头。

不知哪个同学说:"你们谁见过这么糟糕的凳子?"

也不知哪个同学接着说:"我想,世界上不会有比这更差劲的凳子了。"

话音刚落,引起了一阵哄笑。

爱因斯坦的脸红红的,但肯定地对老师说:"有,老师,有的,还有比这更不好的凳子。"

教室里一下子静起来,大家都迷惑不解地望着爱因斯坦走回自己的座位。然后,他从书桌下面拿出两只更为难看的木板小凳，说："这是我第一次和第二次做的，刚才交给老师的是第三次做的。交上去的，连我自己都不满意，可是比起前两次做的总要强一些。现在我做得确实不好，但我在不断地进步！如果有时间，我还会做第四次、第五次，第六次……直到让老师和同学们都感到满意。"

老师满意地向爱因斯坦点点头，同学们也向他投去理解、赞许和敬佩的目光，没有人再嘲笑他了。

老师把爱因斯坦做的木板小凳放在讲桌上，拿起粉笔，在黑板上给全班同学写下了这样一首小诗：

每一个坎坷，

都考验你我；

每一个春天，

都绽放花朵；

每一个明天，

都靠今天把握；

每一个成功，

都蕴含着执着。

1009次拒绝与2500个"请"

当时美国的经济状况不够好,一位65岁的上校退役后生活不很富裕。当他拿到第一笔105美元的救济金时,尽管感到沮丧,但不愿向命运低头。他想到自己有一份很有价值的炸鸡秘方,可以卖给餐馆。整整两年时间,在他被拒绝了1009次之后,终于听到了盼之已久的一声"同意"。这个执着的老人叫桑德斯上校,就是肯德基的创始人。现在,美国肯德基国际总公司繁衍的"子嗣"多达9900多个,遍布全球60多个国家。

与桑德斯上校相比,米·乔伊的求职之途则更加坎坷。

几年前,40岁的米·乔伊因公司裁员,失去了工作。从此,一家6口人的生活全靠他打零工挣钱来维持,经常是吃了上顿没下顿,有时甚至一天连一顿饱饭也吃不上。为了找到工作,米·乔伊一边外出打工,一边到处求职,但所到之处都以其年龄大或者单位没有空缺为理由,将其拒之门外。然而,米·乔伊并不因此而灰心。他看中了离家不远的一家名为底特律的建筑公司,于是给公司老板寄去了第一封求职信。信中他并没有将自己吹嘘得如何有才干,也没有提出任何要求,只简单地写了这样一句话:"请给我一份工作。"

这家建筑公司的老板麦·约翰在收到这封求职信后,让手下人回信告诉米·乔伊,"公司没有空缺"。但是他仍不死心,又给这家公司老板写了第二封求职信。这次他还是没有吹嘘自己，只是在第一封信的基础上多加了一个"请"字："请请给我一份工作。"此后，米·乔伊一天给公司写两封求职信，每封信的内容都一样，只是在信的开头比前一封信多加一个"请"字。

三年间，米·乔伊一共写了2500封信。这最后一封信有2500个"请"字，接着还是"给我一份工作"这句话。见到第2500封求职信时，公司老板麦·约翰再也沉不住气了，亲笔给他回信："请即刻来公司面试。"

面试时，公司老板麦·约翰愉快地告诉米·乔伊，公司里有项很适合他的工作：处理邮件。因为他很有写信的耐心。

当地电视台的一位记者获知此事后，专程登门对米·乔伊进行了采访，问他：为什么每封信都只比上一封信多增加一个"请"字？

米·乔伊平静地回答："这很正常，因为我没有打字机，只能用手写。每次多加一个'请'字，是想让他们知道这些信没有一封是复制的。"

这位记者还问公司老板为什么录用了米·乔伊。

老板麦·约翰不无幽默地回答："当你看到一封信上有2500个'请'字时，你能不受感动吗？"

从1009次拒绝和2500个"请"，很容易使人联想到古希腊大哲学家苏格拉底的一件小事。

开学的第一天，苏格拉底对学生们说："今天咱们只学一件最简单也是最容易做的事儿。每人把胳膊尽量往前甩，然后再尽量往后甩。"说着，苏格拉底做了一遍示范。

苏格拉底笑着问："从今天开始，每天做300下。大家能做到吗？"

学生们都笑了。这么简单的区区小事，还有什么做不到的呢？

过了一个月，苏格拉底问学生们："每天甩手300下，哪些同学坚持了？"有90%的同学骄傲地举起了手。

又过了一个月，苏格拉底又问："每天甩手300下，哪些同学坚持了？"这回，坚持下来的学生只剩下八成。

一年过后，苏格拉底再次问大家："请告诉我，最简单的甩手运动，还有哪几位同学坚持了？"这时，整个教室里，只有一人举起了手。这个学生，就是后来成为古希腊另一位大哲学家的柏拉图。

苏格拉底语重心长地告诉学生们："世间最容易的事是坚持，最难的事也是坚持。说它最容易，是因为只要愿意做，人人都能做到；说它最难，是因为真正能做到的，终究是极少数的人。只要方向正确，成功有一个知易行难的奥秘，那就是：坚持、坚持、再坚持。"

逆境是强者的学校

有一个小男孩，因为疾病而导致左脸局部麻痹，嘴角畸形，相貌丑陋，还有一只耳朵失聪。

他讲话时不仅嘴巴总是歪向一边，而且还有口吃。为了矫正自己的口吃，小男孩模仿古代一位著名的演说家，嘴里含着小石子苦练讲话。母亲看到儿子的嘴巴和舌头都被石子磨破了，流着眼泪心疼地说："不要练了，妈妈照顾你一辈子。"懂事的小男孩一边替妈妈擦着眼泪，一边说："妈妈，您对我说过，每一只漂亮的蝴蝶，都是在经过痛苦的抗争，冲破了茧的束缚之后才变成的。我就是要在苦练中变成一只美丽的蝴蝶。"

经过日复一日的苦练，小男孩终于能够流利地讲话了。由于他的勤奋和善良，在中学毕业时，不仅取得了优异成绩，还赢得了同学们的普遍好评。

苍天不负苦心人。1997年，63岁的他勇敢地参加了加拿大全国的总理大选。他的对手居心叵测地利用电视广告夸张他的脸部缺陷，然后写上这样的广告词："你要这样的人来当你的总理吗？"但是，这种极不道德的、带有人格侮辱性质的攻击，引起了大部分选民的愤怒和谴责。他的成长经历被人们知道后，赢得了广大选民极大的同情和尊敬。"我要带领国家和人民成为一只美丽的蝴蝶！"他的这个竞选口号深得人心，使他以高票当选为总理，并在2000年再次获胜。他就是加拿大第一位连任两届的总理让·克雷蒂安，人们亲切地称他是"蝴蝶总理"。

与克雷蒂安相比，罗斯福的残疾无疑更加不幸。

罗斯福1900年至1907年就读于哈佛大学和哥伦比亚大学。他中年成器，1910年当选为纽约州参议员，1913至1920年任助理海军部长，是政界和军界中一颗耀眼的新星。

青云直上、如日中天的他，1921年却意外地患了小儿麻痹症，下肢瘫痪。起初，他一点也不能动，必须坐在轮椅上，整天依赖别人把他抬上抬下。在突如其来的打击下，他差点心灰意冷，退隐乡园。

但是，他没有被厄运打垮，而是重新振奋精神，直面自己的残疾，坚持一个人不屈不挠地练习自理、自立的能力。

有一天，他告诉家人说，他发明了一种上楼梯的方法，并愿意表演给大家看。原来，他是先用手臂的力量，把身体撑起来，挪到台阶上，然后再把腿拖上去，就这样一个台阶、一个台阶艰难缓慢地爬上楼梯。

他的母亲阻止他说："你这样在地上拖来拖去的，给别人看见了有多难看。"

罗斯福断然地说："我必须面对和战胜自己的残疾。"

天助自助者。7年之后，罗斯福不仅东山再起，而且逐步攀登上人生的巅峰。1928至1933年，他出任纽约州长。任期内，美国发生严重经济危机，他采取措施，建立救济机构，颇见成效。1933年3月，罗斯福以高票当选入主白宫，对内积极推行以救济、改革和复兴为主要内容的"新政"，对缓解经济危机、促进经济复苏起了一定作用。在对外关系上，改善与拉丁美洲各国的关系，并与苏联建交。在1936年、1940年和1944年的大选中,罗斯福又连续三次当选,成为美国历史上唯一蝉联四届的总统。

有位研究成功学的专家,就他们两个人的人生轨迹发表了这样的评论:"逆境,对强者来说,是一所最好的学校;对弱者来说,则是颠覆生活之舟的无情波涛。如果说顺境能埋没人才,造就幸运儿,那么逆境则能显现人才,造就伟人。"

没有双臂的书法家

1979年，云南丽江有一个11岁的小男孩，他不知道电老虎的厉害，不幸被高压电击倒，从此失去了双臂，成了一个地地道道的残疾人。

突如其来的灾难降临到头上，尽管他很沮丧，很自卑，觉得自己不如常人，但高压电并没能击垮他继续生存下去的渴望与勇气。

他开始重新学会生活。穿衣服、穿裤子、穿鞋子、穿袜子，全部都要从头学起，就连走路也要从头学起，因为突然失去双臂，走路难以平衡，一不留神就会摔跤。为了走路和跑步时能平衡自如，他每天都坚持跑两三千米。

他心中考虑最多、最大的问题是：将来自己靠什么生存下去？

于是，他选择了练书法。他先后拜过三个书法老师，但没有一个愿意收下这个没有双臂的孩子。其实这也不难理解，很多有手的人都写不好字，何况是个没有双臂的孩子。

但是，他相信自己。他开始自学，"坚持"二字一直陪着他。

他最初是用脚练习写字，但父亲坚决反对，对他说："不能用脚玷污了我们中华民族的艺术。你要写，就用嘴写。即使牙齿、眼睛受点伤害也不要紧，只是千万不要用脚写。"

他改用牙齿叼笔,牙齿都咬出了豁口,凹了进去。因为练书法得用力把笔咬住,不然,写出来的字就没有力度。他废寝忘食地练,有时练得连吃饭的力气都没有了。天长日久,就连舌头也被毛笔杆压出了一条印子。

后来,一个偶然的机会,他成了一位书法家的关门弟子。上厕所的时候,别人用手脱裤子,他用脚,干净利落,特别灵巧。小便之后,只见他身子一抖,裤子就上来了。

一位书法家看到这些之后,感到特别惊讶,情不自禁地说:"这个孩子真是厉害!"

他自豪地告诉书法家:"我还能用嘴写书法。"卫生间的偶遇,成了他们师徒的缘分。在恩师的指点下,他的书法作品大有长进。

1985年,年仅17岁的他开始了自食其力的尝试,用自己的书法作品去换自己的生活费。他第一次卖书法作品,一副对联卖两毛钱。过年前卖了近10天,挣了二三百块钱,够他一年的生活费了。这在当时算是相当可观的收入,比他父亲的月工资还要高出几倍。

从那以后,他更加坚信,他不仅能养活自己,而且可以用嘴写出具有一定水平的书法作品,可以同用手写出来的比美。天助自助者。现在,他的一副对联已经可以卖到500块钱了。

成功之后的他没有忘本,而是热心地帮助身边有困难的人。近五六年,他陆续拿出一二十万元,资助了20来名学生,其中有10来名是残疾人。他朴实地说,一个人不管是残疾人也好,健全人也好,赚了钱全部装到自己的腰包里不行,必须去关心需要关心的人,这样才够一个人,也才能站得很稳。

他就是2004年1月4日获得第14届全国十大杰出青年殊

荣的著名书法家——和志刚。

人生就像一座深不可测的宝藏。和志刚的闪光足迹可以告诉世人：世界上有很多不可能的事情，并不是因为无法做到才成为不可能，而是因为功夫不到才成为不可能。在这个意义上可以说，如果一个人执着地追求梦想，肯于付出汗水，那么一切皆有可能。

民工博士

在中央电视台崔永元主持的《小崔说事》节目里，我们认识了一位"民工博士"——谭文。

他高考时名落孙山，只考取了一个中专学校。1996年，中专毕业以后他没有找到合适的工作，便到广州开始了打工生涯。

工头看谭文个子比较小，为了照顾他，让他在工地干和水泥的轻活儿。大约每隔5分钟要装一小车水泥，装车后他就坐在一块石头上，利用间歇的5分钟背英语单词，或其他考研究生必背的知识。

他周围的民工感到很奇怪，问："你既然要读书，为什么还来工地干活儿？"

他只是含糊地回答："人各有志，只能自己的路自己走。我想把本职工作干好以后，再干一点儿自己想干的事。"

时间长了，大家就给他起了个绰号——民工博士。

谭文打工时的工资很低，加上发放不及时，常常一拖再拖，自然买不起书，只好到书店去看。广州有一个很大的书城，叫天河书城。他每个星期六、星期天都到书城去看书，看到精彩的地方，就抄下来。书城管理人员发现后，就禁止他抄。于是，他向管理人员说明了自己的困难处境，请求给予宽容和帮助。他得到了同情和默许，同时他早来晚走，为书城拖地板、擦桌子，打扫卫生。

崔永元问他:"当时你想到过成功吗?"

他很客观地回答说:"我没有想过,因为当时我也有点怀疑我自己。我在那种处境,一方面要打工赚钱糊口,一方面又要发展,当时是极其矛盾的。如果我不去打工就没有饭吃,因为我家是农村的,比较贫困。如果我既打工又读书,时间、精力、财力就都很紧张。所以,我的处境是很艰难、很尴尬的。"

不仅谭文认为自己是很难成功的,那些民工朋友更是没人想到他会成为真正的"民工博士"。

其实,有多少人会相信鸡窝里能飞出金凤凰呢?

心有多大,舞台就有多大。奇迹和成功,往往是功到自然成的事情。1999年,谭文考上了云南民族大学硕士研究生,然后又从硕士研究生直接考上了上海财经大学的博士研究生。

知识改变命运。现在,谭文比打工时的生活好多了。学校里面每个月发350块钱的生活费,省吃俭用还是够的,学校的书可以随便看。特别是他的心情比实际生活更好,因为现在无论谁都可以看到:他的前途充满了灿烂的阳光。

多一点定律

渥沦·哈特葛伦年轻的时候是个普通的挖沙工人,但立志要成为研究南非树蛙的专家。他明白,靠自己中学毕业的文化基础,是远远不够的。于是,他从1969年开始,就把大部分时间和精力用在了研究上。他每天都收集150个标本,共做了大约300万字的笔记,全面地掌握了南非树蛙的生活规律,并提取了一种极为罕见的能预防皮肤病的药物。他获得了哈佛大学的博士学位,成为世界著名的动物学家,并成为美国《时代》周刊的封面人物。

渥沦·哈特葛伦曾问过一位年轻人:"是否了解南非树蛙?"

年轻人坦白地说:"不知道。"

渥沦·哈特葛伦诚恳地说:"如果你想知道,就每天花5分钟的时间阅读相关资料。这样,5年后你就会成为精通南非树蛙的人,成为这一领域的权威。"

年轻人当时未置可否,但后来却常常想起渥沦·哈特葛伦的这番话,觉得这番话道出了许多人生哲理。后来,年轻人努力把时间和精力投入到自己的事业上,终于成就了一番事业,成了国际知名的电影导演。他的名字叫伍迪·艾伦。

与渥沦·哈特葛伦希望大家能珍惜5分钟的学习时间相似,医学专家奥斯勒希望大家能珍惜15分钟的学习时间。

奥斯勒在医学方面有过很多贡献，比如医学上以他的姓氏命名的术语有奥斯勒结节、奥斯勒氏病等。他是一个身兼许多工作而又极端负责的人，除了睡觉、吃饭外，时间几乎完全被工作排满了。

为了挤出时间读书学习，奥斯勒为自己定下一个不可变通的制度：每天睡觉之前必须读15分钟的书。不管忙到多晚，就是凌晨两三点钟走进卧室，他也一定要读完15分钟的书之后才肯入睡。

奥斯勒常对别人说："每天读15分钟的书似乎微不足道，但持之以恒地坚持数年，就会有不可轻视的积累。"

奥斯勒是这样计算的：每天读书15分钟，一周就是105分钟，一个月按30天算就是450分钟，一年就是5400分钟，50年就是270000分钟，大体相当于4500小时，1875个日夜。

按一般人的阅读速度计算，一分钟可以阅读300字，15分钟便能读4500个字，一周可读3.15万字左右，一个月按4周算读完12.6万字没有问题。那么一年呢，将读完151.2万字了。如一本书平均以7.5万字算，每天读15分钟，一年就可读20本书。

奥斯勒睡前读书15分钟的制度，整整坚持了半个世纪之久。他共读了8235万字，1098本书！

每天坚持睡觉之前读15分钟的书，使奥斯勒不仅成了一位著名的医学专家，而且还成了一位著名的文学研究专家。

渥沦·哈特葛伦与奥斯勒的故事，是"多一点定律"的很好证明：比别人多一点努力，就会多一点成绩；比别人多一点坚持，就会多一点胜利；比别人多一点执着，就会多一点奇迹；比别人多一点志气，就会多一点出息。

差一点与好一点

看过香港的赛马吗？

冠军和亚军的区别，也就是第一匹马和第二匹马之间的差别，可能相当微小，可能仅为 0.05 秒，以至于用肉眼根本看不出来，只有借助电脑等先进设备的帮助才能分辨清楚。但是，第一匹马和第二匹马的奖金却是大不一样的，甚至要相差几十万港币。

记得雅典奥运会的男子百米决赛吗？

2004 年 8 月 23 日，美国选手加特林以 9 秒 85 的成绩赢得冠军，葡萄牙选手奥比克维鲁以 9 秒 86 的成绩夺得银牌，美国选手格林以 9 秒 87 的成绩获得第三名。三个人的成绩，分别只差 0.01 秒。

一般地说，人们很容易地记住第一名，可很难记住第二名，更不用说是其他名次了。比如，大家都能记住射击名将许海峰打破了中国奥运会冠军的零纪录，但很少有人记得谁是第二块金牌的得主。

知道下面的两组算式吗？

第一组算式是这样的：

$99\% \times 99\% = 0.9801$

$99\% \times 99\% \times 99\% = 0.9703$

99%×99%×99%×99%=0.9606

……

从以上算式不难看出：无数个99%的乘积会越来越小。如果把工作标准看作是100%，那么99%代表的就是"少想一点""少做一点""比标准差一点"……乍看起来，99%和100%的差距并不大，但无数个这样"差一点"的集合体，就会使我们的工作结果距离目标越来越远。

第二组算式是这样的：

101%×101%=1.0201

101%×101%×101%=1.0303

101%×101%×101%×101%=1.0406

……

从以上算式不难看出：无数个101%的乘积会越来越大。如果把工作标准看作是100%，那么101%代表的就是"多想一点""多做一点""比标准好一点"……乍看起来，101%和100%的差距并不大，但无数个这样"好一点"的集合体，就会使我们的工作结果超越目标越来越多。

在很多情况下，无论是个体还是集体，表面上是"差一点"，实际上却是差很多；表面上是"好一点"，实际上却是好很多。

尽管没有必要也不可能事事争第一，但应该千方百计地避免"差一点"，以避免差很多；竭尽全力地力争"好一点"，以力争好很多。

六
人人可以把一件事做到极致

任何伟大的思想、行动和事业,都有一个微不足道的开始。

天下大事必做于细,天下难事必做于易。

要想成就大事业,就必须从有益的小事做起。小事养成习惯,习惯形成个性,个性决定命运。

一个人的意志可以改变世界

2004年，64岁的肯尼亚环保主义者玛塔，在194个诺贝尔和平奖的候选人中脱颖而出，成为首位荣获该奖的非洲妇女。

诺贝尔奖设于1901年，但是将和平奖颁给一位环保领域的人士尚属首次。诺贝尔和平奖增加了环保这项新主题，具有重要的意义。这是诺贝尔奖第一次将环护与和平联系在一起，标志着世界已经充分意识到环保事业的极端重要性。

玛塔出生于1940年，是位著名的生物学学者。1971年，她在内罗毕大学从事兽医学的研究，并成为东非第一个获得博士学位的黑人女性。1976年，由于她工作业绩突出，成为内罗毕大学兽医系的第一个女系主任，后来又成为生物学院的院长。同年，她投身于肯尼亚全国妇女委员会的工作，长期担任该委员会主席的职务。1977年，她领导肯尼亚全国妇女委员会发起了"绿色带运动"，主要宗旨是鼓励人们特别是妇女植树造林，保护环境，减缓沙漠化，提供燃料、建材和食物，加速解决贫穷问题。为了坚持不懈地开展"绿色带运动"，她放弃了生物学教授的职位，放弃了稳定的学术生涯。

但是，在开展"绿色带运动"的第二年，莫伊当上了肯尼亚总统，整个国家陷入独裁、贪污的黑暗时代。玛塔以环保为出发点，奋斗的过程中也带有争取人权和女权的色彩，因而引起了不少当权者的敌视。她曾经被毒打、恐吓，甚至身陷牢狱，但所有的不幸与挫折都没能动摇她的信念。她经历了不屈不挠的艰辛过程，从一名研究生态环境的学者，成长为肯尼亚全国妇女开展"绿色带运动"的卓越指挥者和领导者。

在近30年的时间里，"绿色带运动"为贫穷的非洲种植了近3000万棵树，为上万妇女提供了就业的机会，提高了妇女的社会地位。

2002年12月，玛塔作为绿党成员在肯尼亚的首次自由选举中当选议员。2003年1月，她出任肯尼亚政府助理环境部长，负责自然资源保护工作，成为6名女部长级的官员之一。

挪威诺贝尔和平奖委员会在宣布给玛塔授奖的理由时说：将本年度和平奖授予玛塔，是为了奖励她在可持续发展、民主与和平方面做出的贡献。如今不少国家都已经借鉴了玛塔的经验，她将激励非洲人民继续为可持续发展、民主与和平而斗争。

玛塔在得知获奖消息后对挪威电视台说："我只是在这一奖项宣布前25分钟才得知此事。当我被媒体包围的时候，我也不知道发生了什么事。获奖不是我一个人的骄傲，而是整个肯尼亚妇女的骄傲，乃至整个非洲妇女的骄傲，也是整个环保人士的骄傲。"

玛塔表示，她的庆祝获奖的方式离不开老本行，就是继续种树。她将用所得的130万美元奖金，继续推动非洲的"绿色带运动"。

美国前总统卡特、联合国环境规划署和南非卫生部长，分别向玛塔致贺。

肯尼亚总统基巴基说："作为肯尼亚人，我们必须再次下定决心保护环境，以感激我们的一名同胞获得那最高的荣誉。"

主持诺贝尔颁奖音乐会的好莱坞巨星汤姆·克鲁斯,赞扬玛塔是世人的楷模,并说了一句意味深长的话:"她让大家明白,即使是一个人的意志,也可以改变世界!"

也许有人会认为这句话稍有夸张,但是很难否认它蕴含着的深刻哲理。

总要有一样拿得出手

电影《小英雄雨来》曾名震天下,剧中雨来的扮演者孟旭也因该片获得广泛赞誉,被称为"天才小影星",成了许多人眼中的未来"电影大明星"。

但是,命运并不都像人们所预期的那样。孟旭长大后不仅没有成为影视界的明星,而且书也读得不够理想,处境似乎有些尴尬。

后来,孟旭的父亲送他到日本学习厨艺,临行时语重心长地叮嘱道:"人活在世上,总要有一样东西能拿得出手!"在日本留学的几年,尽管他非常刻苦、努力,但很遗憾,厨艺还是拿不出手。

孟旭20岁那年回国,立志改学杂技,侧重钻研在"口腔内用舌头穿针引线"的绝活儿。其实,出生在杂技世家的他,很早就发现自己有练此绝活儿的天赋。他4岁那年,偶然观看了口内穿针的魔术演出。他很惊讶,不靠手、眼,只凭舌头、嘴,也能穿针引线?!回到家后,他偷偷地练,竟然真的穿针成功。

功夫不负苦心人,他终于练就了一手令人赞叹不已的绝活儿,可以在口腔内用舌头游刃有余地穿针引线了。他深有体会地说,用舌头纫针的技巧属于微型杂技,是真功夫。除了口腔器官的技巧外,表演时的心理状态也十分重要,要沉得住气,尽量达到物我两忘的境界。

从1997年开始，他在世界各地进行过多次表演，中央电视台也请他在曲苑杂坛的第90期节目里，表演了"在口腔内用舌头穿针引线"的绝技。

表演时，只见孟旭打开一个盒子，上面插着几排最小号的缝衣针。他把一根丝线和缝衣针先后放到嘴中，闭上嘴，嘴唇微微嚅动，大约不到20秒，捏着针尖的手往前一推，一根针就挂在了丝线上！在2分20秒内，他用舌头穿上了8根针……

孟旭令人匪夷所思的绝技，引起了境内外多家媒体的关注，纷纷争先恐后地采访。有的媒体认为，他是"继美国魔术大师胡迪尼之后唯一掌握这项绝技的人"。

孟旭实事求是地解释说，胡迪尼的节目是魔术，是假的，把一根线和一把针一起扔进嘴里，再拉出来，其实扔进嘴里之前针已经全穿在线上了；自己在口腔内用舌头穿针引线，则是真的。一真一假，两者不可同日而语。当然，像胡迪尼那样变魔术他也会。

孟旭凭着用舌头在嘴里纫针的绝技，在浙江省东阳市横店镇高手如林的"中国首届绝技绝活评选暨挑战大赛"决赛中，以6分40秒用舌头纫针31根的成绩获得了"十佳"最高奖。不久前，他还拿到了英国吉尼斯世界纪录证书。

人生就是一座宝藏。每个人都像孟旭一样，身上一定也隐藏着能拿得出手的东西。只要开发出一样能拿得出手的东西，人生就会充盈如歌，亮丽夺目。人生在世，可以有很多尝试，可以有很多探索，可以有很多追求，但千万别忘了，总要有一样东西能拿得出手！

有心人的世界

22年前,著名的畅销书作家海岩还是一个默默无闻的人。他每天晚上八九点钟就不看电视了,准时地回到自己的小屋。家人都以为他是去睡觉了,其实他在偷偷摸摸地写一部长篇小说。当时家里还没有空调,小屋里非常热,但他天天坚持写到深夜。写完多少,他就往壁柜里面藏多少,家里人一直都不知道。

为什么要偷偷摸摸地写呢?因为海岩只上了四年小学,连小学都没毕业,他怕别人说自己"不务正业",怕别人说自己"好高骛远"。

海岩就是在这样的状态下,写成了自己的第一部长篇小说《便衣警察》,共47万字。

有一天,父亲在壁柜找东西,无意中发现了这些手稿,就问:"海岩,这是谁写的?你是不是在写东西啊?"

海岩只好承认了。于是,父亲成了第一个读者。过了几天,他问父亲:"写得怎么样啊?"

父亲说:"什么怎么样?写的什么乱东西?我要不是你爸,根本就不看。"

隔了两天,父亲问:"后边的书稿呢?"海岩暗自高兴,看来父亲是感兴趣了,是想继续看下去。

海岩带着书稿,满怀希望地找到了中国青年出版社的一个副总编。副总编问:"你写没写过短篇呀?你写没写过中篇呀?你写没写过散文啊?"

海岩说:"都没写过。"

"那你参加过我们社或者其他社里举办的创作培训班吗?"

"没有。"

"那你给报纸写过什么小通讯或小稿吗?"

"也没有。"

"哦!如果这样的话,那我就不看了吧。馒头得一口一口地吃,碉堡得一个一个地拿,仗得一个一个地打。你呢,先从小的学起,然后再去攻长篇这个堡垒。你说对不对?"

海岩只好把书稿抱了回来,可他不死心,这毕竟是自己一笔一画、一个字一个字写出来的47万字!于是,他又把书稿寄给了人民文学出版社的总编。

海岩等了三个月,既没有回话,也没有退稿,便去找总编。尽管总编的办公桌上堆了很多稿子,他还是一眼看到自己的书稿还没拆封呢!

总编问:"你写的是什么啊?"

海岩说:"我写的是警察。"

"那你寄到群众出版社去吧。我们这是一个文学出版社,我们这儿不大出这种写警察的东西。何况邮寄来稿的采用率,也只有千分之二。"

"写警察的东西就不是文学吗?"

"群众出版社更乐意出这些东西。要不我们帮你寄?"

海岩说:"书稿已经在这里躺了三个月了。这样,你先少看一点。如果你咬一口,觉得是石头,就不往下咬了。如果觉得是馒头,你就再咬一口。"

总编反问："你就这么自信？"

"看完一章，你觉得不能往下看了，你就退回给我。也有可能你看完第二页纸，你就会觉得咬到馅了！"

总编同意了。隔了一个月，海岩得到了出版社的通知：长篇小说《便衣警察》于1985年出版。

《便衣警察》出版之后，引起轰动，获首届金盾文学一等奖、全国首届侦探小说佳作奖；电视连续剧剧本《便衣警察》获飞天奖、金鹰奖和金盾影视剧本奖。

《便衣警察》出版之后，海岩连续8年保持每年80万字的惊人出版量。他的代表作还有：《一场风花雪月的事》《永不瞑目》《拿什么拯救你，我的爱人》《玉观音》《平淡生活》《深牢大狱》《海岩文集》(7卷)、小说集《死于青春》等。如果要评出个"最勤奋作家奖"，海岩大概是当之无愧的了。

前不久，杨澜采访海岩之后，在总结自己最深刻的印象时写道："他的经历证明，只要你是有心人，这人生啊，敢情就没有什么是被浪费的。"

不错，从根本上说，这个世界，既不是有钱人的世界，也不是有权人的世界，既不是有靠山人的世界，也不是有文凭人的世界，而是有心人的世界。

做最好的自己

当年《正大综艺》节目播出之后,在观众中引起了强烈的反响。作为节目主持人的姜昆和杨澜,陆续收到了大量的观众来信。

经验丰富的姜昆处之泰然,杨澜却觉得坐卧不安,很是为难:不听观众的意见吧,人家都是好心;听观众的意见吧,众口难调,不知道该听谁的,不该听谁的。有的观众说,杨澜你该往东走了;有的观众却说,杨澜你该往西走了;还有的观众说,杨澜你现在这样就很好了,保持现有风格才对啊。

杨澜将左右为难、无所适从的困惑告诉了姜昆。姜昆问她:"你有没有勇气做最好的自己?"

不等杨澜回话,姜昆继续说:"我觉得,你首先应该做最好的自己,然后再去考虑观众的建议,综合各种各样的意见,择其善而从之,择其不善而弃之,给自己一个准确的定位。"

杨澜有些不理解地说:"那就是说,我应该忽视观众的意见了?"

姜昆说:"不是忽视观众的意见,而是糅合所有观众的需求,走出一条更适合自己实际条件的主持人之路。"

杨澜还是不明白:"你说我下一步到底应该怎么走呢?"

姜昆笑了,说:"你应该了解观众的心理。当一个新人出现的时候，大部分观众都会以自己的心理定位来塑造自己的主持人，希望主持人按自己的心理需求来定位，这就是为什么有人说东，有人说西。这样的心理定位一般都是套用他们以前喜欢的主持人的风格，希望你能跟他们一样。如果你真这样做了，只能有两个结果：第一，又复制出了一个风格相同的主持人；第二，邯郸学步，你终于失去了你自己。懂了吗？"

杨澜懂了，并明确了自己的定位，选择了做最好的自己：保持完善自己现有的风格，与姜昆形成对比，相辅相成，让观众从自己身上体会到亲切自然，让观众在姜昆那里领略到诙谐幽默。

由于姜昆和杨澜的正确定位与默契配合，《正大综艺》节目越办越火。

其实，不管是谁，也不管做什么有影响的事情，都不可能像人民币那样受到每一个人的喜爱，但每一个人都有一个最切实可行的选择，那就是做最好的自己。

打鞋带也能改变命运

2002年,高中毕业的罗永强被重庆市新世纪百货商场录用为一名临时促销员。卖运动鞋成了他的第一份工作。

2004年,罗永强看到隔壁的安踏运动鞋柜台上摆了一批新鞋,配有色彩鲜艳的花鞋带,很抢眼。下班后,他没有立刻回家,而是跑到隔壁柜台钻研起那些花花绿绿的鞋带。随后,他将传统中国结的打法运用到鞋带上,一个简洁美观的网状中国结打法产生了。

不久,罗永强让安踏运动鞋的鞋带有了许多更新颖的打法,各种造型的鞋带吸引了顾客,也引起了商场销售部门的注意。他很快被聘为一名正式合同工,调入安踏运动鞋柜台。

爱好成为职业,罗永强的积极性更高了。每次出门,行人都是往前看,他却常常低头走路,观察别人脚上的鞋带打法。偶尔看到一个有创意的造型,他就会一直盯着别人的鞋看上很久。他买来各种编织工艺的书籍,深入研究各种鞋带的打法。他打的鞋带,从最简单的网状平面造型,发展到向日葵、蜗牛等新颖的立体造型。

罗永强的这种痴迷,起初并没有得到家人的理解。父母怎么也想不明白,好好的一个男孩子,学点什么不好,何苦没日没夜地摆弄收集来的一千多双鞋带?

但好看的鞋带造型,确实给漂亮的鞋子锦上添花。光顾罗永强柜台的顾客越来越多,卖鞋的生意也越来越火。不到半年时间,他柜台的月销售额从最初的3万元猛增到了12万元。半年后,他作为业务骨干被调去经营新的柜台,月销售额又从5万元蹿升到20万元。凭着一手打鞋带的绝活儿,他在平凡的售货员岗位上,成长为百货商场的"技能明星"。

鞋带越打越漂亮,罗永强有了自己的"粉丝"。有个广东男孩在网上看到罗永强打出的鞋带造型,就利用出差到重庆的机会,专门找到他拜师学艺。几年下来,罗永强教过的学生已经有几百个之多。

24岁的罗永强被提升为商场男装分公司绅士一组的组长,在男装分公司18个组长中,他是最年轻的一个。他离开自己熟悉的卖鞋柜台,开始管理经营全新的26个系列男装品牌。在新的岗位上,他比以前更忙了,但也有了更广阔的发展空间。

在业余时间,罗永强仍然喜欢打鞋带。有人劝他,去申请鞋带造型的专利。他却依然热心地用博客把自己发明的鞋带打法介绍给更多的人,使更多的人学会打鞋带的手工技艺。

月销售额从3万元猛增到了12万元,从5万元蹿升到20万元,这就是罗永强用打鞋带创造的业绩。

从百货商场的一名临时促销员,到正式合同工,到业务骨干,到最年轻的组长,这就是罗永强用打鞋带改变的命运。

罗永强用打鞋带改变自己命运的故事,可以让更多的朋友明白:这个世界果然是有心人的世界。有心人有个特点:擅长做事、做势与做市。

把平凡做到极致就是非凡

李素丽是家喻户晓、人人皆知的先进人物,但是有很多人并不知道,她高中毕业时的理想是做一名播音员和主持人。高考时,她报考了北京广播学院,但遗憾的是因12分之差没能被录取。

落榜后的李素丽成了一名公交车售票员,可她并没有轻视这项工作,而是竭尽全力地当好这个车厢里的播音员和主持人。她为自己定的服务原则是:"礼貌待客要热心,照顾乘客要细心,帮助乘客要诚心,热情服务要恒心。"她对自己的工作要求是:"多说一句,多看一眼,多帮一把,多走一步;话到,眼到,手到,腿到,情到,神到。"她管理的车厢整洁、漂亮:地板漆色鲜艳,玻璃明亮照人,扶手干干净净,彩旗挂满四周,"乘客之家"几个大字分外醒目。

在售票员这个平凡的岗位上,李素丽通过多年的实践和一点一滴的积累,练就了根据乘客的不同需求,提供最优质服务的过硬本领。老幼病残和孕妇,最怕摔怕磕怕碰,她就主动搀上扶下;上班族急着上班赶车,她见到后就尽量不关门等一等;外地乘客既怕上错车,又怕坐过站,她就百问不烦,耐心地帮他们指路,到站时提醒他们下车;中小学生天性活泼,她就提醒他们车上维护公共秩序,车下注意交通安全;姑娘们夏天穿着长裙上下车，她就提醒她们往上拎一拎，以免让人踩上摔跟头；遇到堵车，她就拿出报纸、杂志给乘客看，以缓解他们焦急的心情；看到有人晕车或不舒服想吐，她会及时送上一个塑料袋；遇到不小心碰伤的乘客，她就赶紧从特意准备的小药箱里拿出常备的"创可贴"……

后来，李素丽还创建了"北京公交李素丽服务热线"，在北京市首次为百姓出行、换乘车提供24小时的交通信息。

李素丽工作数年，无论在什么岗位上，人们都能从她身上感受到真诚的笑脸、热情的话语、周到的服务、细致的关怀。她赢得了广大乘客的尊敬，被誉为"老人的拐杖，盲人的眼睛，病人的护士，外地人的向导，群众的贴心人，老百姓的亲闺女"，荣获了"全国'三八'红旗手""全国劳动模范"等一连串的荣誉。

李素丽说："当了售票员以后，感觉自己既是播音员，又是主持人。对内我代表首都，对外我代表中国。我为我的职业和岗位而自豪，是它给了我每天都能向他人奉献真情的机会，让我每一天都感到充实与快乐。"

在这个世界上，绝大多数都是平凡的人，在平凡的岗位，做平凡的工作，干平凡的事情。但对工作的不同态度——或一心一意，或三心二意，或充满热情，或不冷不热，或专注投入，或冷漠淡然，其最终的结果往往有天壤之别。如果我们乐在工作，乐在平凡，能够把平凡的工作做到极致，那就会使平凡变为非凡。

每个人都能成为伟人

美国著名的职业演说家马克·桑布恩先生刚刚搬入新居,就有人来敲门了。他打开房门,看到一位面带微笑的邮差。

"上午好!桑布恩先生!"邮差亲切地说,"我叫弗雷德,负责这里的投递工作,顺路来看看,向您表示欢迎,同时也希望对您能有所了解。"

尽管中等身材、蓄着一撮小胡子的弗雷德相貌很普通,但那真诚和热情,让桑布恩感到春风般的温暖。于是,他告诉弗雷德:"我是一位职业演说家,一年中大概有200天左右出门在外。"

弗雷德说:"既然如此,那您出差不在家的时候,我可以把您的信件和报刊等物品代为保管,打包放好。等您回家的时候,我再送过来。"

桑布恩对弗雷德的认真与负责感到吃惊,可还是不好意思地说:"这样太麻烦了,把邮件放进邮箱里就可以了。"

弗雷德耐心地解释说:"桑布恩先生,窃贼会经常窥视住户的邮箱。如果发现是满的,就表明主人不在家,那您就有可能要深受其害了。我看不如这样:只要邮箱的盖子还能盖上,我就把邮件放到里面,别人就不会看出您不在家。邮件塞不进邮箱的时候,我就搁在您房门和栅栏门之间,从外面也看不见。如果那里也放满了,我就把其他的邮件留着,等您回来之后再送过来。"

弗雷德的认真负责，让桑布恩十分感动，觉得没有理由再次拒绝这近乎完美的建议了。

三个星期之后，桑布恩出差回来，刚刚把钥匙插进房门的锁眼，突然发现门口的擦鞋垫不见了。他转头一看，发现擦鞋垫不知何时被人移到门廊的角落里去了，下面还遮着什么东西。他揭开擦鞋垫，先看到了一张字条。看后他全明白了。

原来，在他出差的日子里，联邦快运误投了他的一个包裹，将其放到了沿街向前第五家的门廊处。弗雷德发现了送错的包裹，就把它捡了起来，放到了桑布恩家里，并用擦鞋垫把它遮住。然后留下了这张字条，解释了事情的来龙去脉。

在接下来的10年里，桑布恩无论是外出，还是在家，一直无忧无虑地享受着弗雷德的杰出服务。

在此期间，桑布恩在全国各地进行演讲时，多次介绍了弗雷德的事迹。他要告诉大家："把平凡的工作坚持做好，就会不平凡；把简单的工作坚持做好，就会不简单；把普通的工作坚持做好，就会不普通。"

听众从中得到了很大的启发与激励。有些人通过桑布恩的地址给弗雷德写信，表达对他的敬意，甚至有人竟然给他转寄了一盒自己家做的蛋糕！

圣诞节临近的时候，桑布恩为了对弗雷德的杰出服务表示谢意，便在邮箱里给他放了一份小小的礼物。

第二天，桑布恩的邮箱里有了一封与众不同的信，上面贴着邮票，可是没盖邮戳，发信人是邮递员弗雷德。

也许有人会问："为什么邮票没盖邮戳？"因为弗雷德最清楚，把未经邮局投寄的信私自放入邮箱是违法的。所以，尽管是他本人亲自送信，可还是在信封上面贴上邮票，以便使其合法。

弗雷德在信中写道:"亲爱的桑布恩先生,感谢您送给我的圣诞礼物……您在演讲中多次提到我,真使我受宠若惊。我希望自己能一直为每位客户提供最优秀的服务。您真诚的邮递员弗雷德。"

美国邮政协会为了推广弗雷德认真负责的敬业事迹,授予他"伟大的邮递员"荣誉称号,并专门设立了"弗雷德奖",用以奖励那些在投递行业中的优秀员工。

从弗雷德的故事,不禁想到了著名的美国民权运动领袖、诺贝尔和平奖获得者马丁·路德·金的一句名言:"每个人都能成为伟人,因为每个人都能为他人服务。"

不错,每个人都可以用伟大的爱心为他人服务,进而成为伟大的人。

奇迹就是把潜能发挥到极致

1987年,她在一岁多的时候,厄运突如其来地降临到她的头上:双目因患视网膜细胞瘤而失明。从此,她一直生活在黑暗里,再也看不到多彩的世界了。

1992年,她6岁的时候,外婆疼爱地对她说:"你的眼睛什么也看不见,将来要拖累人的。"尽管这句话深深地刺伤了她,但却改变了她的一生。她想:"我的眼睛看不见,但我有双手,有大脑,有耳朵。我要做一个有用的人,决不能成为别人的累赘。"

1993年,她7岁的时候,被送到扬州市聋盲学校。在学校,她的门门功课都名列前茅,跳远、短跑等体育项目也几乎无人能比,在音乐方面也表现出很高的天赋,长笛、竹笛、小号、单簧管等样样擅长。

2000年,她14岁的时候,省队教练发现了她的短跑天赋。因此,她从扬州市聋盲学校转到了南京市盲校,一边读书,一边接受短跑训练。教练对她说:"如果你要成功,就必须付出比别人多十倍百倍的努力。"她回忆说:"训练是严酷的,当年真不知道是怎么熬下来的。"

2001年,她15岁的时候,在全国残疾人文艺调演中,荣获了笛子组独奏三等奖。

2002年,她16岁的时候,决心学习英语,但只能靠收听英语广播自学，因为当地没有一家英语培训班愿意接收像她这样的盲人。

2003年，她17岁的时候，在全国第六届残疾人运动会赛场上，夺得了100米、4×100米两枚金牌。

2004年，她18岁的时候，在全国残疾人田径锦标赛的赛场上夺得了200米金牌。

2005年，她19岁的时候，南京外国语学校破格将她录取，为她单独订购了所有盲文教材，还免去了3年的学费，共计16.5万元。她是该校40多年来录取的唯一盲人学生，是该校与加拿大合作办学的首例全额奖学金获得者。在校期间，她学习十分刻苦，每天的休息时间很少，同学们戏称她是"学习机"；她多才多艺，通过了长笛10级、竹笛8级、小号4级的考试；她热心于公益事业，在南京外国语学校组织了一个有100多人参加的志愿者俱乐部，每到周末都轮流去帮助盲校的小学生，给他们讲故事，跟他们做游戏……她受到美国惠普公司青睐，被聘为中国地区的形象大使之一。

2006年，她20岁的时候，在暑假时主动与瑞典残疾人协会联系。受到邀请后，她面临找经费的难题。于是，她给南京金鹰商场总经理写了一封求助信。深受感动的总经理表示，愿意承担她去瑞典的全部费用。她不仅背起行囊去了瑞典，而且开始了在斯德哥尔摩大学的学习生活，并幸运地当选为瑞典盲人协会董事。

2007年2月，她21岁的时候，受美国盲人协会的邀请，她一个人乘坐飞机抵达美国，走访了哈佛、斯坦福等8所美国著名高校，并主动与这些高校的招生老师见面。她用流利的英语向负责招生的老师汇报了自己的学习与课余生活。她深有感触地说：“感谢上帝让我成为盲人，能够用心去听世界，顽强地'做自己'。我最大的财富就是自信。"

哈佛大学的詹姆斯先生认真地对她说：“你的优秀让我们吃惊。仅凭你一个小盲女敢独自来美国，我们就想录取你！"

普林斯顿大学的艾维先生将一个精致的文件夹赠给她，对她说：“希望你带着这个文件夹，到普林斯顿来读书。"

波士顿学院的约翰教授送给她一件T恤，对她说：“但愿你能成为我们中的一员。"

海伦·凯勒母校的博金斯盲校校长对她说：“在你身上我看到了海伦·凯勒的影子，希望你比她更优秀！"

2007年6月，她同时被美国斯坦福大学、哈佛大学、耶鲁大学三所名校录取，都承诺为她提供全额奖学金。

2009年，23岁的她就读于哈佛大学。她为自己设计了一张名片，名片有两个与众不同之处：一个是正面的左上方印着一面鲜艳的五星红旗；另一个是背面用中英文写着这样的话："在人的一生中，最为辉煌的并不是功成名就的那一刻，而是从悲叹与绝望中产生对人生的挑战和对未来辉煌期盼的那些日子。"

她是江苏省泰兴市黄桥人，叫吴晶。现在，她正在朝着自己的既定目标前进：到联合国工作，服务于世界各国的残疾人。

这就是双目失明的吴晶，在黑暗中拼搏出的一条光明路。

原来，人生不管遇到多大的困难，即使是陷入了永远的黑暗，只要能像吴晶那样自强不息，把生命的潜能发挥到极致，就都可以创造出奇迹。

在一定意义上可以说，奇迹就是把潜能发挥到极致。

盲人超男

杨光原名杨晓光，1979年出生于哈尔滨市，父母都是普通工人。他刚8个月，就得了视网膜母细胞瘤，双目完全失明。在嗷嗷待哺的襁褓中，他就走进了黑暗的世界。直到现在，他的脑海里没有任何颜色和影像的记忆。

杨光的母亲对丈夫说："别伤心。尽管儿子的眼睛失明了，但我们可以好好地培养他，让他的心灵充满阳光。作家海伦失明了，不是照样活得很成功吗？"他们约定，这一辈子只要杨光一个孩子，用两个人的全部精力来教育培养他，让他拥有与健全人一样的人生。于是，他们将儿子的名字改成杨光，即"阳光"的谐音，寓意他的生命像阳光一样。

杨光将来靠什么谋生呢？他的父母一直在观察和思索这个问题。他们发现，杨光很有音乐天赋：乐感极好，一些曲子只要听一遍就记住了，而且歌也唱得很棒。

在杨光8岁那年，父母给他买了电子琴。他摸到琴时兴奋不已，爱不释手。半个月后，他就能准确地弹出自己从收音机里听来的歌曲。父母非常高兴，对儿子有了更大的信心。第二年，父母花了整整一年的工资，给他买了一架钢琴，并请老师教他弹琴和乐理知识。他很刻苦，进步也很快。11岁那年，他正在哈尔滨市盲聋哑学校读书，被选入了市残疾人艺术团。随后，他在全国

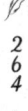

的声乐大赛中获得了二等奖。

18岁的杨光在盲校毕业时，面临着人生的重大选择：一个是同意市残联保送自己去长春大学特教学院读书。毕业以后，他可以分回市残联的宣教处，捧着机关的铁饭碗，过上有保障的稳定生活。另一个是同意市残联推荐自己去北京残疾人艺术剧团，到北京去发展，但生活可能不稳定。最终，他选择了北京残疾人艺术剧团。

杨光带着1000多块钱离开了家乡，来到了北京。为了省钱，他找了一个条件很差的地下室住了下来，每天才15块钱。北京残疾人艺术剧团解散之后，他走进了"北漂"的队伍。在最困难的那段日子里，虽然他胸怀大志，但只能靠在小酒吧唱歌谋生。他经济拮据，每天只能吃一盒饭。为了能活下去，他甚至准备去地铁卖唱。在最困难的那段日子里，他的爷爷、奶奶和父亲三位亲人相继去世。当时他对自己说得最多的一句话就是："杨光，你要挺住！你能走出来，你肯定能行！"

在北京闯荡了10年，杨光终于等来了机会。2007年9月，他登上了中央电视台《星光大道》的舞台，并且顺利地拿到了周冠军、月冠军。

2008年1月，在《星光大道》的总决赛上，28岁的杨光以一首《你是我的眼》夺得2007年度总冠军。这首歌，他是唱给母亲的。他深情地告白："妈妈就是我的眼睛，是我生命中的阳光，照亮了我的人生。如果上帝给我三天光明，我只做一件事，那就是要仔仔细细地看看妈妈！"他深情地唱道："如果我能看得见，就能轻易地分辨白天黑夜，就能准确地在人群中牵住你的手……"尽管他那天感冒了，声音没有平时好，但每一个人都为之动容。

一个月后，在明星大腕云集的2008年央视春节联欢晚会上，杨光出人意料地单独表演了整整10分钟。他演唱了一曲《期待》，还模仿了文兴宇、曾志伟等名人的声调。他快乐的神态和逼真的表演，仿佛是一片灿烂的阳光，让观众感到了强烈的震撼。

春晚过后，杨光博客的点击量一路飙升，几天内就达到上万次。大家喜欢他的歌声，更折服于他的拼搏精神。许多歌迷在他的博客上留言，将他誉为"盲人超男"。

记者问："作为一个盲人，你为什么能取得如此的成功？"

杨光回答："就是因为我有扛劲，能挺住，能坚持。"

记者又问："你有没有想过，你的这种扛劲能坚持多久？"

杨光坚定地回答："坚持到死。只要还有一口气，我就一直会努力。我看不见五彩斑斓的世界，但能坚持心中的绚丽梦想。"

记者深有感触地写下了这样的话："坚持不一定能成功，但不坚持肯定不能成功。成功，往往就产生于再坚持一下的努力之中。"

谁都不是天生的赢家，谁也都不是天生的输家，究竟会成为什么样的人，主要并不取决于天命，而取决于自己。

把平凡日子砌成伟大人生

俞敏洪两次高考落榜，第三次参加高考的分数超过了北大录取分数线7分。他思之再三，终于下定决心，在报考志愿上填写了"北京大学"四个字。他知道，北大的考生人才济济，自己很可能不被录取。结果比预想的好，他很幸运地被录取了。

俞敏洪到北大读书之后曾有过不少的苦闷，其中最主要的有两个：一是普通话讲得不好，二是英语水平低，拿不出手。

第一次开班会的时候，全班同学互相介绍，俞敏洪也站起来自我介绍了一番。没想到，班长站起来调侃道："俞敏洪，你能不能不讲日语？"此话引得全班同学哄堂大笑。后来，他用了整整一年时间，拿着收音机在北大的树林中模仿广播电台播音员的播音。但是直到今天，他的普通话依然讲得不太好。

入学分班的时候，因为俞敏洪的英语高考分数不错，被分到了A班。实际上，他口语不好，听力也不行，只是善背英语的语法和单词。一个月以后，他就被调到了C班，即"语音语调及听力障碍班"。

俞敏洪非常勤奋地学习，发愤图强地追赶，几乎每天都要比别的同学多学一两个小时。可到了大学二年级结束的时候，他的成绩依然排在班内的最后几名。也许是郁闷的原因，在大学三年级的时候，他得了一场重病。他被迫休学，在医院里住了整整一年。

俞敏洪所在的班里共有50个同学，刚好是25个男生25个女生。当他最初听到这个比例时有些兴奋，觉得真是天赐良缘，正好一人配一个。没想到，女生们都看上了那些外表英俊潇洒、风流倜傥的男生。在多数人的眼里，他是个沉默寡言被别人冷落的后进生。别人津津乐道的爱情，完全与他无缘。在北大的5年，竟然没有一个女生爱过他。

到了大学四年级毕业时，俞敏洪的成绩依然排在全班的最后几名。但是，他已经具备了良好的心态，且很有自知之明。虽然他知道自己没有其他同学聪明，但是确信自己有一种能力，就是持续不断地努力。在毕业典礼上，他说了这么一段话："我是我们班的落后同学，但是我想让同学们放心，我决不放弃。你们5年干成的事情我干10年，你们10年干成的我干20年，你们20年干成的我干40年。如果实在不行，我会保持心情愉快、身体健康，到80岁以后把你们送走了我再走。"这段幽默的话，赢得了全班同学的热烈掌声和笑声。

毕业之后，俞敏洪以"英语单词王"的特长被留校，成了一名教师，但厄运并没有结束。为了挣到出国留学的钱，他在校外做兼职培训教师。结果惹怒了学校，并且处分了他。他觉得待下去没有意思，只好选择了离开。那是在1991年年底，他即将迈向而立之年。走出北大，成了他人生的分水岭。

光阴似箭，20多年过去了。俞敏洪由高考两次落榜的学生，变成了北京大学的学生；由校园里内向自卑的丑小鸭，变成了英语系里耀眼的单词王；由被北大扫地出门的穷酸教师，变成了名震大江南北的培训界领军人物；由大街小巷刷广告的个体户，变成了亿万身家的上市公司老总；由付不起学费无缘出国留学的穷学生，变成了学员遍布欧美的"留学教父"……

也许有人会问："俞敏洪的人生为什么会出现一次又一次的精彩转变呢？"

在北京大学 2008 年的开学典礼上，许校长请已经是新东方教育集团董事长的俞敏洪回母校演讲。他在演讲中说的下面这段话，也许可以回答上面这个问题。

"人的一生是奋斗的一生，但是有的人一生过得很伟大，有的人一生过得很琐碎。如果我们有一个伟大的理想，有一颗善良的心，我们就一定能把很多琐碎的日子堆砌起来，变成一个伟大的生命。但是如果你每天庸庸碌碌，没有理想，从此停止进步，那未来你一辈子的日子堆积起来将永远是一堆琐碎。所以，我希望所有的同学能把自己每天平凡的日子堆砌成伟大的人生。"

俞敏洪说得多好啊！如果我们有一个伟大的理想，有一颗善良的心，就一定能把平凡的日子堆砌成伟大的人生。

感动中国的"最美洗脚妹"

刘丽是安徽颍上县的农村姑娘,有5个兄弟姐妹,家境贫寒。她从小就是个品学兼优的学生。小学四年级的时候,老师让她代表获奖学生发言。当时,她没有鞋穿,只好向外婆和邻居各借了一只较好的鞋,一只是蓝色的,另一只却是绿色的。她穿着两种颜色的鞋,硬着头皮上了台。这件小事,像一粒感恩的种子,埋在了她的心田。她说:"不管命运怎样,我定要让助人的恩情延续下去!"

14岁那年,刘丽刚念初中。为了挣钱给弟弟妹妹交学费,她辍学了,外出打工了。她先后到湖北、江苏等地,做过服务员,当过保姆等。

1999年,19岁的刘丽随亲戚到福建厦门打工。她找到两份临时工,但只做了很短的时间。因为迟迟找不到工作,她陷入了一贫如洗、身无分文的困境。在万般无奈之时,她想到了自己过膝的长发。从记事起,她的头发就从来没有剪过。在老家时,有人要用一辆自行车换她的长发,她没有答应。为了生存,她剪掉了自己的秀发,只卖了30元。她心疼得哭了,哭得那样伤心。

2000年,20岁的刘丽在厦门一家足浴城做起了"洗脚妹"。第一个月,她领到了1800元工资。她从来没见过这么多钱,立刻跑到邮局给家里寄了1500元。

父母纳闷:"女儿在外边做什么工作,竟然寄来了这么多的钱?"

刘丽知道,"洗脚妹"是说不出口的工作。为了不让父母担心,她撒谎说:"我在服装厂里打工。"

刘丽在足浴城拼命地工作,每天工作12个半小时,月收入也增加到两三千元。她一年到头也舍不得休息几天,手上布满厚厚的老茧,指关节也早已累变了形。

做了多年"洗脚妹"的刘丽,遇到了许多好人,也经历了不少的屈辱。有一次,她在帮一个客人洗脚。那人看她长得眉清目秀,便心生邪念:"别洗脚了,脚有什么好洗的。让我摸一摸,比洗脚的钱多给10倍。"说完,拽着她就往他怀里拉。

愤怒的刘丽也不知哪里来的勇气,拿起一杯水泼到他身上。趁他在整理衣服时,刘丽跑出去找到经理说:"我不干了!"

刘丽休息了两天,也冷静了下来。她想:"如果真的不干了,我靠什么生活和帮助家人呢?"她别无选择,只好又回到足浴城上班了。

到了2001年,刘丽家中的经济状况有所好转,盖上了房子,弟弟妹妹也长大了。照理说,她每月只花几百元,至今应该有些积蓄了,在厦门买一套小户型的首付款也应该足够了。

然而,刘丽依然与20多个打工姐妹一起住在租来的一套房子里,依旧过着省吃俭用的生活,连一件漂亮的衣服都没有。除了吃饭、房租和购买必需的生活用品,她没有任何贵重的东西。她感觉每天都很累,一有空就睡觉,极少逛街,因为怕花钱。从小到大,她只过了一次生日,是同事们逼她过的。大家聚在一起吃了顿便饭,她什么生日礼物也不要。

她挣的钱都到哪儿去了呢?

让身边所有人意想不到的是，从2002年起，为"生计"打拼的刘丽，为了不让穷孩子像自己一样辍学，走上了一条"助学之路"。她把辛辛苦苦挣来的钱，70%捐助给了贫困学生。10年来，她资助过的贫困学生已经过百名。她每年资助一个小学生要花300元，一个初中生要花500元，一个高中生要花1000多元，合起来就是一笔不小的开销。

　　为了多赚点钱给贫困学生，刘丽虽然在节假日很少休息，但每月一定要请假两天，去看望那些被资助的孩子。每次去前，她都先到文具店给学生们买笔、笔记本等学习用品，再到超市买一桶食用油和一大包的洗衣粉。孩子们都由衷地称她为"爱心妈妈"。她觉得，"妈妈"是一个极其神圣的称呼，不能因为自己出了一点钱，就让孩子们叫自己"妈妈"。于是，她坚持让孩子们叫"阿姨"。

　　但是，有些人并不理解"赚钱专门给别人花"的刘丽。有的同事私下说，她有"神经病"，"脑袋里进水了"。有的客人说："她是爱炒作、想出名。"更有甚者说："她被大款包养了，大款利用资助孩子上学这件事出钱捧她。等她被捧红了，就不用在洗脚城受苦作秀了。"这些话，让她在很多个夜晚都是哭着睡着的，一觉醒来，枕头还是湿的。

　　有一天，刘丽趁给一位客人洗脚聊天的机会，拿出了一份贫困学生的名单，想请客人帮忙捐助。客人听完后，让刘丽第二天到公司找他。只要同意跟他开房，让捐多少，就捐多少。当时，她的眼泪一下子就流了下来，哭着跑了出去……

　　不仅如此，就是刘丽的亲人也曾颇有怨言。她弟弟想买一部手机，看上了1800元的款式。她汇去了1000元，并对弟弟说："手机不要买太贵的。"弟弟不知道姐姐自己都舍不得买这么贵手机，收到钱反而生气地说："姐姐的钱舍得给外人，对弟弟却这么小气。"她听后，眼泪哗哗地流。不过，弟弟目睹了姐姐舍己为人的慷慨行为之后，不仅理解了，而且追悔莫及。

为了得到父母的支持，刘丽把老人请到了厦门，请到了自己工作的足浴城。她一边给老人洗脚，一边如实地介绍自己的工作，但父母一直在沉默，连一句话也不说。可怜天下父母心，尽管老人感到心痛，但却比任何人都知道，苦命的女儿有的是善心，做的是善事。

人间自有真情在，世上终究好人多。厦门市妇联是刘丽助学路上的坚强后盾。好心的房东帮助她存放、整理给贫困学生募集来的衣物等用品。一对善良的夫妇帮助她联系贫困学生，并一起认捐。有一个客人特地到足浴城找到她，给了1000元现金，让她资助孩子们。400多位网友响应她的倡议，加入到资助贫困孩子的爱心团队，并称她是"中国最美的洗脚妹"。刘丽不负众望，成为2009年度"感动福建"十大人物之一。

2011年2月14日，由中央电视台举办的"2010年度感动中国人物"揭晓，"最美洗脚妹"刘丽榜上有名。感动中国组委会在给她的颁奖词中写道：

为什么是她，一个瘦弱的姑娘，一副疲惫的肩膀。是内心的善良，让她身上有圣洁的光芒。她剪去长发，在风雨里长成南国高大的木棉，红硕的花朵，不是叹息，是不灭的火炬。

把木梳卖给和尚

有一家效益相当好的大公司，为了进一步扩大经营规模，公司领导决定高薪招聘营销人员。广告一打出来，报名者纷至沓来，其中不乏有文凭、有能力、有人脉和有素质之人。

面对众多的应聘者，大公司招聘工作的负责人说："相马不如赛马。为了能选出德才兼备的高素质营销人员，我们出了一道实践性的试题：请各位想办法，把木梳尽量多地卖给和尚。"

对于如此招聘，绝大多数应聘者感到困惑不解，甚至感到愤怒：出家人剃度为僧，没有头发，要木梳有何用？这岂不是神经错乱，拿人开涮？没过多久，应聘者接二连三地拂袖而去，几乎散尽。最后只剩下三个应聘者：小伊、小石和小钱。

招聘工作的负责人对剩下的这三个应聘者交代："以10日为限，届时请各位将销售成果报给我。"

10日期到。

负责人问小伊："卖出多少？"答："一把。""怎么卖的？"小伊讲述了历尽的辛苦，以及受到众和尚责骂与追打的委屈。好在下山途中遇到一个小和尚一边晒着太阳，一边使劲挠着又厚又痒的头皮。小伊灵机一动，赶忙递上了木梳。小和尚用后满心欢喜，于是买下一把。

负责人又问小石："卖出多少？"答："10把。""怎么卖的？"

小石说，他去了一座名山古寺。由于山高风大，进香者的头发都被吹乱了。小石找到了寺院的住持说："蓬头垢面是对佛的不敬。应在每座庙的香案前放把木梳，供善男信女梳理鬓发。"住持采纳了小石的建议。那山共有10座庙，于是就买下10把木梳。

负责人又问小钱："卖出多少？"答："1000把。"负责人惊问："怎么卖的？"小钱说，他到了一个颇具盛名、香火极旺的深山宝刹，朝圣者如云，施主络绎不绝。小钱对住持说："凡来进香朝拜者，多有一颗虔诚之心，宝刹应有所回赠，以作纪念，保佑其平安吉祥，鼓励其多做善事。我有一批木梳，您的书法超群。您可在木梳上刻下'积善梳'三个字，然后便可作赠品。"住持大喜，立即买下1000把木梳，并请小钱小住几天，共同出席了首次赠送"积善梳"的仪式。得到"积善梳"的施主与香客，很是高兴，一传十，十传百，朝圣者更多，香火也更旺。这还不算完，好戏跟在后头。住持希望小钱再多卖一些不同档次的木梳，以便分层次地赠给各种类型的施主与香客。

就这样，小钱在看来没有木梳市场的地方开创出了很有潜力的市场。

……

招聘结束之后，负责人抒发了这样的感慨："如果说文凭是铜牌，能力是银牌，人脉是金牌，那素质就是王牌。从根本上说，一个人的工作、事业和命运，主要是由其综合素质决定的。谁要想让工作、事业和命运好些，好些，再好些，谁就要下苦功夫把自身的德才素质提得高些，高些，再高些。"

我要用中文

丁观海是丁肇中的父亲，1934年毕业于当时的国立山东大学中文系，后到美国密歇根大学学习土木工程。王隽英是丁肇中的母亲，当年也在美国留学。他们身在海外，心系祖国，一心想把丁肇中生在中国。但是，因为早产这个意外，丁肇中成了地地道道的美国公民。

在20世纪70年代之前，物理学界一直认为物质的最小结构是由三种夸克组成，但是丁肇中却不相信。他通过长期艰苦的探索，终于找到了组成物质的第四种最小结构。因为中文的"丁"与英文的"J"很相像，所以丁肇中便把这个新发现的粒子命名为"J粒子"。

1976年10月18日，丁肇中因此获得了诺贝尔物理学奖，当时只有40岁。

美国总统福特在发给丁肇中的贺电中说："基本知识的重大进展，能够导致科学上的更进一步的突破，进而造福人类。"

科学没有国界，科学家有祖国。丁肇中是位科学家，更是一位热爱祖国的人。在颁奖典礼之前，他做出了一个极其庄重而神圣的决定，通知瑞典皇家科学院："我要用中文在颁奖典礼上发言。"

瑞典皇家科学院做出了积极、友好的回应："欢迎。"同时，瑞典皇家科学院又不无担心地问："谁做翻译？"

丁肇中答："我自己做翻译。"

"获得了诺贝尔物理学奖的美国公民丁肇中，决定用中文在颁奖典礼上致辞。"这一消息见报之后引起了强烈反响，深深地感动了不同国家、不同肤色和使用不同语言的人们。他们发自内心地感叹："丁肇中是要将荣誉献给自己的祖国。"

可是，美国驻瑞典大使找到丁肇中，非常不满地说："目前，我们美国和中国的关系非常不好，你用中文是不对的。"

丁肇中十分珍惜美中两国人民的友谊，也期盼美中两国关系的不断改善，但对这位既不友好又不识时务的大使的指责，他毫不留情地顶了回去："你管不着这个，我愿意用什么文字就用什么文字。"

就这样，这位美国驻瑞典大使碰了一鼻子灰。他大概永远也不会理解：丁肇中这个出生在美国的科学家，为什么会有一颗永远不变的中国心？

语言是历史的档案。在那次颁奖典礼上，丁肇中在致辞时创下了一个世界纪录：他使这个金色大厅里回荡起有史以来从未使用过的一种语言——中文。

最近，中央电视台的一位节目主持人问丁肇中："您当时选择中文的目的是什么？"

丁肇中答："就是因为在颁奖典礼上从来没有出现过中文。中文是世界上最重要、最可爱的语言之一。"

主持人问："但是您用中文做演讲，现场绝大多数人是听不懂的啊？"

丁肇中答："那与我没关系。因为它是全球广播。"

主持人为了进一步确认自己的判断又问："您是希望让更多的

中国人和懂中文的外国人都能够听明白?"

丁肇中只答了一个字:"对。"

……

丁肇中荣获诺贝尔物理学奖无疑是宝贵的,是值得敬佩的,但更宝贵和更值得敬佩的,是他"我要用中文"的爱国情怀,是他爱祖国高于一切的崇高境界。

把一件事做成经典

2012年8月7日,著名作家、茅盾文学奖获得者刘震云,参加了自己的长篇小说《我不是潘金莲》的首发式。

当时有位读者问刘震云:"您写作成功有什么秘诀吗?"

于是,刘震云讲了下面的故事:"我有个赶马车的舅舅,方圆几十里,再调皮的牲口放到他手里,马上就变成一只温顺的猫。我13岁那年,他跟我有一场特别深刻的谈话。他说:'你觉得你聪明吗?'我说:'不太聪明。'他又问我:'你笨不笨?'我说:'我也不笨。'他说:'世界上就怕这种人,要不你聪明,要不你是个傻子,都会生活得非常幸福,像你这种既不聪明又不笨、不上不下的人,在这个世界上难混。'我问他:'那我的一生应该怎么规划?'他说:'你记住我的话,不聪明也不笨的人,一辈子就干一件事,千万不要再干第二件事。'他说:'其实我跟你一样,也是个不聪明也不笨的人,所以我一辈子就赶马车。'我记住了这句话,直到现在为止,我就干一件事,就是'编瞎话'。"

显而易见,这个故事的寓意是:一辈子就干一件事,干好一件事,千万不要再干第二件事,这就是刘震云写作成功的秘诀。

与刘震云一辈子干好一件事的写作成功秘诀相似,史蒂夫·乔布斯也有个成功秘诀,即把一件事做成经典。

迪士尼首席创意官约翰·拉塞特在回忆文章中说,与乔布斯的第一次会面，是在自己成为迪士尼首席动画师之前，即1986年乔布斯以1000万美元收购皮克斯动画工作室之时。当时，他正在制作一部动画短片——《锡铁小兵》。在他们会面快结束的时候，乔布斯对他说："一生中要做的事很多，而现在我们选择了这一件，那就让我们把它做成经典。"乔布斯要求他务必做好一件事——造就经典。

拉塞特十分愉快地接受了乔布斯的要求，将"造就经典"作为了自己的座右铭。1988年，这部《锡铁小兵》动画短片上映，并赢得了有史以来颁给电脑动画的第一个奥斯卡奖，也为后来的《玩具总动员》奠定了基础。

后来，拉塞特深有感触地说："'造就经典'这几个字，已经融入了自己制作的每部皮克斯影片的每一帧画面上。"

其实，把一件事做成经典，不仅是做好动画片的成功秘诀，而且是做好任何事情的成功秘诀。因为，每个人永远没有时间做好每一件事，但永远有时间做好最重要的一件事；每个人不可能把每一件事都做成经典，但却有可能把一件事做成经典。

只要做到极致

泰国曼谷的东方酒店,坐落在风光旖旎的昭披耶河畔,是世界最著名的十大酒店之一。多年以来,它一直被世界旅游组织评为最佳酒店,是各国元首下榻与富商政要休闲聚会的首选。尽管它的客房价格远远高于一般的五星级酒店,但几乎天天客满。客人大多来自西方发达国家,有70%是回头客。如果不提前一个月预订,客人就很难有入住的机会。

在强手如林的激烈竞争中,东方酒店为什么会创下如此骄人的业绩呢?从下面这个写入经营与管理教材的案例,可以管中窥豹,以小见大。

贝克因公司生意出差到泰国,第一次住在了东方酒店。酒店的卓越服务,给他留下了美好的印象。

第二次去泰国,当晚贝克又住进了东方酒店。次日早上,楼层服务小姐恭敬地问:"贝克先生是要到楼下用早餐吗?"他感到很奇怪,反问:"你怎么知道我的名字?"服务小姐解释说:"酒店有规定,要求我们背熟所有客人的姓名,以便更好地服务。"这让他感到惊讶,因为他经常出差,住过世界各地许多高级酒店,但这种情况还是第一次碰到。

贝克走进餐厅,餐厅的服务小姐微笑着问:"您还要坐在老位子吗?"他更加惊讶,心想:"离上次在这里吃饭,已经有一年时间了,难道是服务小姐记忆力特别好?"看到他的表情,服务小姐解释说:"我刚刚查过电脑记录,去年6月8日,您坐在靠近第二个窗口的位子上用过早餐。"他听后兴奋地说:"好,老位子,还在老位子!"服务小姐接着问:"还要老菜单吗?一个三明治,一杯咖啡,一个鸡蛋?"他爽快地回答:"好,老菜单,还要老菜单!"

上餐时,服务小姐代表餐厅赠送一碟小菜。贝克第一次看到这种小菜,问:"这是什么?"服务小姐后退两步说:"这是我们酒店特制的小菜。"他明白,服务小姐之所以后退两步才说话,是为了避免自己说话时不小心有唾液落在客人的食品上。

贝克感到很享受,很温馨。因为如此体贴入微的服务,不要说在一般的酒店,就是美国最好的酒店他也没有见过。

后来,贝克的业务范围有所调整,有近二年没去泰国。在他生日的那天,突然收到东方酒店寄来的贺卡,并附了一封信。信上说,今天是先生的生日,祝您生日愉快!东方酒店的员工十分想念您,希望有机会再次见到您。

贝克对此感到终生难忘,当即回信说,如果再到泰国,一定要住在东方酒店。此外,他还要告诉所有的朋友,住在东方酒店是到泰国的最佳选择。

可以说,东方酒店把人性化服务延伸到方方面面,落实到点点滴滴,用无微不至的服务,扎扎实实地赢得了客人的信赖。

迄今为止,世界各国的30万人入住过那里。用东方酒店的话说,只要每年有十分之一的老顾客光顾,酒店就会天天爆满,甚至应接不暇。

东方酒店的经验可以说明,无论做什么事情,只要做到极致,普通的就会变成不普通,简单的就会变成不简单,平凡的就会变成不平凡。

一生做好一件事

约瑟夫·雷杜德是比利时的著名花卉画家,因各种精美的花卉水彩画而闻名于世。他生于比利时,但是一生中的大部分时间是在法国居住,许多花卉作品也是在法国完成的,所以有人说他是法国画家。

雷杜德13岁开始绘画生涯,一生创作发表各类花卉板绘2100余幅,涵盖了1800多个物种,其中相当大的一部分是首次被绘入画中。

雷杜德的一生就是画花,尤其是画玫瑰。法国大革命时期,拿破仑的妻子、法国皇后约瑟芬,在巴黎郊外的梅尔梅逊宅第建造了一座宏伟的玫瑰园,种植了3万株玫瑰,几乎包括世界各地的珍贵品种。约瑟芬皇后很赏识雷杜德的才华,竭力聘请他去玫瑰园画玫瑰。从此以后,任凭法国大革命政权更迭,甚至人头落地、血流成河,雷杜德专心致志地只管画玫瑰。整整20年,他用独特的绘画风格,记录了169种玫瑰的姿容,出版了《玫瑰图谱》。他画的玫瑰,颜色淡雅,色泽过渡自然,花朵神采各异,更加科学,也更加漂亮。因此,《玫瑰图谱》被誉为"最优雅的学术""最美丽的研究"和"玫瑰圣经",雷杜德被称誉为"花卉画中的拉斐尔""玫瑰绘画之父"和"玫瑰大师"。

许多人问过雷杜德一个相同的问题:"您成功的秘诀是什

么?"他总是说:"我只是用一生做好了一件事——画玫瑰。"

此后的200多年,世界各国以各种语言和版本出版了200多种《玫瑰图谱》,几乎每年都有新的版本降临人世。

雷杜德的宝贵经验是:一个人一生专心做好一件事,全世界可能都会围着他转;一个人一生企图做好所有的事,全世界可能都会抛弃你。因为,人的一生,都能有时间将一件事做到极致,而没时间将所有的事做到极致。

俗话说,百事通不如一技精。一事精致,便能动人。古今中外,成大事者,几乎都是专一而行,专注而攻;每天进步一点点,一生做好一件事。

从抄表工到"街拍大神"

今年34岁的刘涛,家住安徽省合肥市瑶海区。他家境贫寒,父母均为下岗工人。父亲从银河大厦买断工龄后,在合肥火车站当保安。母亲从泗河饭店买断工龄后,在合肥市第二人民医院食堂帮忙。

2000年,刘涛高中毕业后入伍,成为上海提篮桥监狱的一名武警战士。服役期间,只要有空,他就坐到电脑前,研究PS软件,梦想将来成为一名设计师。不料,退伍返乡后,家里托人把他送进合肥供水集团巢湖水源厂。父亲送他报到时,拉着他的手说:"这份工作来之不易,你可得好好干!"望着父亲花白的头发,他只得放下梦想,老老实实地工作。从此,他白天去郊外的巢湖检查水源,晚上检查设备电路。

2007年,水源厂重组,刘涛又成了抄表工。他的工作任务是抄单位和商业门面的1000多块水表,还要送单子,催费。工作虽然稳定,但常年奔波在外,不论风霜雪雨,辛苦、单调、枯燥。

2008年的一天,刘涛骑着助力车来到一个老旧小区抄水表。他弯腰用铁钩把盖子打开,见水表上蒙了厚厚的灰尘,便用力地吹气。有个小孩非常好奇,蹲在一旁模仿他脸红脖子粗地大口吹气。家长看到后,一把将孩子拉走,大声训斥道:"以后不好好学习,就和那个灰头土脸的叔叔一样!"这话,深深地震撼了他的心。

　　晚上,刘涛拖着疲惫的身躯回了家,没吃饭就躺到床上。他想:我难道就这样过一辈子?既然自己非常喜欢日本摄影家森山大道的街拍照片,何不用街拍闯出一条精彩的人生路?他把街拍的主题定位为"街头的基层劳动者",或者说"城市的底层特写"。

　　想好了就干。刘涛不顾"摄影穷三代,单反毁一生"的调侃,从二手市场淘了一部3000多元的理光GRD3小型数码相机。这部相机简陋到没有变焦功能,只能靠移动脚步调整镜头。从此,他每天抄完水表后,就全身心地投入街拍。午休的12点到下午2点半,下午下班后的5点半到8点,是他街拍的主要时段。他坚持每天最少拍5个小时,时常拍到深夜。有时他挂着相机在路边就睡着了,那种着了魔的劲头曾一度让亲人很不理解。

　　然而,开拍仅仅3个月,刘涛的相机就被小偷偷走了。那一夜,他感到自己无论如何也离不开街拍了。于是,他花5000元买了富士X100,一边拍一边自学摄影理论。他的创作思路是:不停地观看,不停地走,多看多想,少按快门。他像不动声色的导演,让不知情的"演员"按照自己的想法表演。

　　刘涛平均每天拍50多张照片,从中选出两三张满意的,上传到网络。为了让别人多看几眼,他精心配置了音乐。看到作品经常被版主置顶,好评跟帖经常数百条,他心里美滋滋的。

　　日复一日,年复一年,苍天不负有心人。随着2000多张妙趣横生、意味深长的街拍作品在网络传播,刘涛成了摄影界一颗冉冉升起的新星。很多商家慕名找他拍宣传片,尽管开价诱人,但都被拒绝了。他平静地解释:"我是小人物,不会出卖快乐。摄影只是用来获得精神的满足，没想过换工作，只希望自己的作品是自由的、单纯的、快乐的。何况拍多了商业片，很可能丧失自己的灵感和个性。"

2011年，经同事介绍，刘涛认识了毕业于安徽农业大学、在供水集团机关工作的女友。一开始，由于两人身份与地位相差较大，许多人并不看好他们的爱情。刘涛自小酷爱画画，最爱模仿日本著名漫画家井上雄彦。他发挥特长，将两人交往的点点滴滴，用1000多幅漫画坦诚地记录下来，送给她留存。时间一久，这份独特的"漫画情书"打动了她的芳心，他们的爱情终于瓜熟蒂落。现在，他们已经有了爱情的结晶——3岁的小女儿。如今，妻子非常支持他街拍，他也尽量在晚上8点多回家团聚。

2013年年底，巴黎原生艺术画廊经纪人通过微信辗转联系到刘涛，表示非常喜欢他的作品，打算在南美洲或巴黎办展。后来，法方经纪人来到合肥，告诉他："刘先生，十分抱歉，画廊老板不同意办展，但所有人都相当喜欢你的照片，我们决定选几十张照片买断版权，你开个价吧。"他平和地拒绝了对方："这个价开不了。一旦把照片卖了，以后街拍时我满脑子想的就会是哪种素材值钱，哪种不值钱。有缘千里来相聚，你们喜欢我的照片，那就送给你们。"听完他的话，法方经纪人惊讶地说："我见过的所有艺术家谈到最后都是钱，你为了纯粹的艺术，竟然放弃这个千载难逢改善生活的机会，真是不可思议！"虽然很敬佩刘涛的艺术理念，但法方经纪人还是因没有先例而空手归国。

2014年年初，在妻子的鼓励下，刘涛报名参加国内首家以摄影作品为主的"三影堂"摄影展。由于他的作品散发出独特的幽默感，因而受邀同妻子一起赴京与来自日本、德国、美国等国的摄影家交流。4月26日，即"三影堂"展览开幕那天，看着妻子鼓励的眼神,他介绍自己是来自合肥的抄表工,并谈及了创作思路与历程。与会者听后倍感惊讶,一阵沉默之后,爆发出最热烈的掌声。同行们的高度认可,让他热泪盈眶。

2014年10月20日,拥有950万粉丝的《三联生活周刊》官方微博,转发了刘涛的一组街拍作品,配发的介绍文字,犹如盛大颁奖仪式的颁奖词:摄影师真名叫刘涛,今年32岁,是合肥自来水公司的抄水表工。这个爱开玩笑爱幻想的人,用好奇心把整座城市都变成了他的作品。

2014年11月,美国《时代周刊》的编辑从纽约打来越洋电话与刘涛联系,说选了十几张照片,都是他在合肥的街拍。后来刘涛介绍说,签了三个合同,挺麻烦的,前后搞了半个月,全是英文,其中包括个人信息,要在一种网络软件上签名。

2014年12月25日下午,刘涛在微博上发出了一条信息:"我的街头摄影照片和介绍,今天登在美国时代周刊网站上了。谢谢大家的鼓励啊!"接着,他贴出了登在《时代周刊》上的作品截图。

2015年1月27日,刘涛摄影展在合肥市政务中心的阳光大厅举行。大厅里展出了他的200多张街拍,有"维纳斯"鼻孔里的"冰冻鼻涕",有榴梿遮头的水果摊老板,有轮椅老人与童车孩子的奇妙相遇……许多荒诞的巧合和戏剧性反差,一幕幕精彩的市井生活,都被定格在他的镜头中。

2015年4月,最新出版的德国知名时尚杂志《NOAH》刊登了刘涛的20张街拍作品。美国时代周刊网站的编辑高兴地告诉他,《NOAH》把他的照片与著名艺术家的作品刊登在一起,这种认可相当难得。

2015年4月12日,一家瑞士创意杂志找到刘涛,说:"准备刊登你的街拍作品，请你帮助我们选照片。"这家瑞士杂志的稿酬比德国的《NOAH》还要高一些，每张作品200瑞士法郎，相当于人民币1200多元。

……

刘涛从抄表工，已经奋斗成为"街拍大神""野生的摄影大师""真正的人民摄影家"。成名之后，他本可以做专职摄影师，或者是改做办公室工作，但他还是选择继续做抄表工。

有人对刘涛从平凡到精彩的华丽转身，做出了这样的评论："这个世界，既不是有钱人的世界，也不是有权人的世界，而是有心人的世界。"

上海阿大的葱油饼

吴根城在家里排行老大,背也鼓得老大,人们都叫他阿大。他住在上海茂名南路159弄2号,从28岁起就在弄堂里做葱油饼。

每天凌晨3点多钟,人们还在沉睡,阿大已经开始了忙碌的一天。提面粉,揉面团,调油酥,生炉火……他必须赶在5点之前,完成所有的准备工作。

6点开市,阿大把醒好的面,揪成一个个小面团,顺势用手一按,重重甩在桌子上,面团立即成了十几厘米的薄长条面饼。然后,他在长条面饼上抹一把油酥,撒一小撮细盐,抓一大把葱花,放一块五花肉,重新卷成一个个面团,整齐排列到烧热的煎锅上。随着欢快的吱吱声,爆出葱花与肉的混合咸香。他一边煎,一边往饼上抹油。15分钟后,铁板上的饼被煎得两面焦黄。九成熟的饼要接受最后的蜕变,这也是他的"秘方"。他做葱油饼的每一个步骤,都十分熟练、精准,就像表演功夫一般。一锅只能做20个,每锅需要30分钟。一锅出炉,排队的人伸手要拿。阿大立刻提醒道:"不许拿!要放2分钟才可以,不然不脆。"

有的顾客着急地问:"你做葱油饼能不能快一点啊?你葱油饼做得不容易,我们吃得也不容易啊!"

阿大却回答:"没法快啊!快了外面焦里面不熟,猪油没化掉,口味就两样了。"

为了品尝阿大的葱油饼,顾客排队一两个小时实属正常。在严寒的三九天,顾客裹着厚厚的棉衣,瑟瑟发抖地等候。在炎热的三伏天,顾客躲在屋檐阴凉里,汗流不止地等候。一年四季,排队等候阿大葱油饼的顾客接连不断。为了缩短顾客等候的时间,阿大中午只吃一个馒头一碗菜,而且是见缝插针吃了几次才吃完。下午3点多,葱油饼卖完了,他终于可以得空抽一支烟,享享清闲。

日复一日,年复一年,阿大的一生只做了一件事:做了32年的葱油饼。他平均每天做400个葱油饼,如果将其连在一起,相当于从上海到台北的距离。阿大葱油饼的香气,穿过小小的弄堂,飘向大江南北,飘向世界各地,浦东、闵行、东北、台湾,甚至美国……最近,就连英国广播公司BBC也对阿大的葱油饼赞不绝口,称奇叫绝。

媒体记者采访时好奇地问阿大:"葱油饼的生意这么好,誉满天下,有人要给你投资,有人要让你涨价,你怎么不找帮工、不带学徒啊?"

阿大说:"这活儿累,没人愿意学。常年的站立,让我患了严重的静脉曲张,也想过不做了。可是,如果我不做了,老街坊们到哪里吃一口正宗的上海葱油饼啊?因此,我也开始考虑如何把上海葱油饼的味道传下去。"

记者赞成地说:"对!一定有人愿意跟你学。因为人生真正的赢家,并不是掌握的技能多和杂,而是少和精。"

高考落榜生的一招鲜

冯三峰是河南省虞城县城关镇人。1990年8月,他高考落榜。随后,他跟着几个老乡在河南、山东和安徽等地打工。由于没有一技之长,他吃了不少苦,可没赚到多少钱。

1999年的一天,冯三峰从收音机里听到了合肥市一家厨师学校的招生广告,便动身去学厨艺。厨艺分两种:红案和白案。红案就是做菜,容易成为拿高薪的大厨;白案就是做面食,做早餐的面点,似乎没有大出息。当时报名学红案的人多,他听了招生老师的建议,学了白案。

冯三峰比别人肯钻研,肯付辛苦,仅仅学了一年半,就能把手中的面团玩得非同一般。他能把面条拉成细到可以在一根针眼里穿过15根,甚至20根,能双手左右开弓同时擀12张饺子皮,还能做全面宴。老师对他寄予厚望:"你将来一定会在白案上大有作为。"

冯三峰学成后回到河南,辗转几个城市,做了几年的白案厨师,可一直不顺利,在几家饭店都没干长。因为人家都觉得他太"挑剔",比如对面粉的产地、用什么配料、用什么锅等,他的要求都很严。

2003年7月,冯三峰在合肥市一家大饭店当面点厨师,听说附近的一家建筑公司在阿联酋承接了建筑工程,需要招聘两名白案厨师去阿联酋工作，年薪不低于6万元人民币。他动了心："在国内没人赏识我，那就到外国去闯一闯。"于是，他报了名，被选中了。

2003年12月底，冯三峰和另一位白案厨师到了阿联酋的第二大城市迪拜，负责一个发电站建筑工地上中国员工的早餐。他变着法子做面食，尽量让中国员工吃好。当时，有几位外国工程师经常在工地上就餐，非常喜欢吃他做的面食。一位名叫阿姆阿罕的技术员，还跟他成了好朋友。

有一天，阿姆阿罕对冯三峰说："我哥哥在迪拜开了几家饭店，想请你去指导。"他经领导同意后，隔三差五地去那几家饭店做些面食。每去一次，人家都会付给他35美元的报酬。他没有想到，尽管阿联酋以面食为主，但千百年来只会烙像脸盆一样的大饼，根本不会做面条、饺子、花卷等。他在那几家饭店露了几手后，立刻在当地引起了轰动。那几家饭店火了，很多人争先恐后地去吃他做的面食。

2004年3月的一天，冯三峰正在工作，一个阿联酋男人在他身后观察了两个多小时，品尝了他的面食之后说："我叫穆罕默德，是伯瓷酒店总管的助手。我想请你去伯瓷酒店工作，专做中国面点，可以给你4000美元的月薪，不知道你有没有兴趣？"

冯三峰知道，伯瓷酒店也叫帆船酒店，是世界唯一的七星级酒店，那里的客人都是世界各国的王室成员、政要、富豪以及体育和娱乐界的顶级人物。酒店给的工资，按当时的汇率换算成人民币，相当于年薪40万元。他动心了，与建筑队协商后，成了伯瓷酒店的面点师。

冯三峰在伯瓷酒店工作一个月后，入住伯瓷酒店的俄罗斯首富、石油大王罗曼·阿布拉莫维奇吃了他做的素心元宵，非常钦佩，竟然提出要见见这位面点师。于是，有了他们在25楼的皇家套房的亲切会见。

2004年8月的一天，冯三峰已经休息了，却忽然接到酒店通知，立即做一碗正宗的中国家常饭——面鱼。一个小时后，客人吃完了面鱼，要求见见面点师。见了面他才知道，这位客人是华裔丹麦王妃文雅丽。她夸奖面鱼做得正宗，并当场给了1000英镑小费。冯三峰很吃惊，心想："一碗面鱼才能值多少钱，怎么会给这么多小费啊？"文雅丽看出了他的疑惑，便动情地解释说："今天是我妈妈的忌日，我非常想念妈妈。小时候，妈妈经常给我做面鱼吃。没想到，我在中东也能吃到一个中国人做的正宗面鱼。亲情无价，非常感谢你让我用这种特殊的方式纪念妈妈……"说着，她竟然流下了眼泪。

2004年年底，足球明星贝克汉姆路过伯瓷酒店，吃了冯三峰做的中国饺子，然后竖起大拇指对他说："好！吃你的饺子真是一种享受，好极了！"半个月之后，贝克汉姆竟从英国带来十几位朋友，专门来吃冯三峰的中国面食。

2005年年初，冯三峰被评为"伯瓷酒店的首席面点师"，月薪涨到了6000美元。每个月他都能收到四五千美金的小费，再加上工资，月收入就达到了1万美元以上。按当时的汇率换算成人民币，月收入相当于8万元！收入的增加意味着担子更重，他更加自觉、刻苦、努力地钻研白案技艺。

2005年4月的一天，泰国前总理他信带着妻子入住伯瓷酒店。他信夫人吃完冯三峰做的饺子后赞不绝口，提出要向冯三峰学做饺子。结果，冯三峰用了两个多小时，才好不容易教会他信夫人包了几个歪歪扭扭的饺子。他信非常高兴，随手就给了一笔不菲的小费。

2006年1月的一天，美军驻海湾地区前总司令施瓦茨科普夫与夫人入住伯瓷酒店。他们提出要吃冯三峰做的兰州拉面，并要求亲眼看他怎样做拉面。于是，冯三峰当着他们夫妇的面，做起了拿手的牛肉拉面。施瓦茨科普夫觉得很有趣，一边学做拉面一边对冯三峰说："我是军人，知道你们中国古代军事家孙武曾说过，'伤其十指，不如断其一指'。在你身上，我可不可以这样理解：学会十门技术，不如学精一门技术？"冯三峰谦虚地点点头，心里美滋滋的。

有一次，酒店安排冯三峰给美国好莱坞著名导演斯皮尔伯格表演拉面绝活儿。斯皮尔伯格一边看一边赞叹："太棒了！太棒了！"随后，高高兴兴地给了他5000美元小费。他觉得不应该收这么多的小费，斯皮尔伯格解释说："你们中国演艺界有句话：'台上一分钟，台下十年功。'虽然你只是拉了一把面条，但我看到了你平时的努力。"斯皮尔伯格还对他说："以后有机会，请到好莱坞表演绝活儿。"

2006年9月，美国前国务卿赖斯入住伯瓷酒店。她听说冯三峰能将面条拉到从一根针眼里穿过15根，很是怀疑。于是，她请冯三峰现场表演。当冯三峰把面条拉到一根针眼可以穿过20根面条之后，所有观看的人都目瞪口呆。接下来，按照大家的要求，他将拉面下到锅里，再放上几根青菜，煮熟。万万没想到的是，这些拉面竟然在当天达官贵人参加的派对舞会上被竞卖到了1000美金一碗！所有吃到那种面的人，都说那是他们吃过的最香的面，简直就是"神面"。结果，冯三峰不仅得到了赖斯1万美金的天价小费，而且荣获了一个外号——"神面师傅"。

……

早已身怀绝技、功成名就的冯三峰，经常用自己的经历激励朋友:"一招鲜,吃遍天。只要拥有某一特长,就可到处谋生。"

不错,有了可以帮助别人的一招鲜,特别是有了可以帮助别人的绝活儿,就等于有了精彩人生的通行证。

"世界第一剪"——聂凤

1994年,聂凤出生在重庆市中兴路的一个打工者家庭。初中毕业时,她看到了电视上的美发造型节目,深深地被各式各样的好看发型所吸引。于是,她向父母提出了学习美发技术的请求。父母都反对,认为美发技术的档次不高,女孩子应找一份稳当的工作。但是,父母说服不了女儿,也就只好依了她。

在理发店里,聂凤从洗头妹做起,每天洗三四十个头,但心中的梦想却是当美发大师。重庆美发行业的领军人物——何先泽,成了她最理想的导师。于是,她到何老师的工作室请求指教。

何老师被15岁的聂凤的真诚所打动,推荐她去重庆五一高级技工学校就读。因为,他是该校美发与形象设计专业的老师。

2012年3月,聂凤遵从何老师的建议,走进了重庆五一高级技工学校,开始了如饥似渴地学习美发技能的人生。每天上完课后,她便在何老师工作室里进行封闭训练,一天至少操作12小时。染发的色号上千种,即使是细微的差别,她也能分辨得清清楚楚。她从难从严,精益求精,竭尽全力地使自己的美发技艺和作品尽善尽美。何老师对她的评价是:"不怕吃苦,勤学肯练,积极向上。"

天道酬勤,聂凤很快就在何老师的众弟子中脱颖而出。学校把她当重点培养，选派她参加各种重要赛事。她不负众望，在香港举办的亚洲发型化妆大赛上，获得了青年组"女士潮流盘发"冠军和青年组"女士时尚修剪"优秀奖。她还被荣幸地选入国家队，备战世界技能大赛。

但是，聂凤备战世界技能大赛的过程并不顺利。2011年，她参加了第41届世界技能大赛的全国选拔赛，名落孙山。2013年，她参加了第42届世界技能大赛的全国选拔赛，名列第三，也未能代表中国队出征。她越挫越勇，决心一定要站在国际大赛的舞台上。从2014年8月到2015年7月，她为了备战大赛，每天早上7点训练，晚上10点才结束，全年休假时间也没超过10天。为了锻炼毅力和体力，她一直坚持每天2000米的跑步训练。

2015年8月12日，21岁的聂凤终于代表中国参加了在巴西圣保罗举办的第43届世界技能大赛美发项目。大赛共设有8个发型项目，其中有2个发型是规定动作，有5个发型是自选动作，还有1个发型由抽签决定；时间为20个小时，分4天在赛台上完成；有3800多张评分表。大赛既是对选手基本功的考验，也是对想象力的考验。

赛场上，聂凤面对各国的顶尖高手并不怯场。她没有关注别国选手的表现，只是全神贯注地展示最好的自己。最终，她以一头短碎发做成的时尚造型赢得了裁判的青睐，超越了法国、韩国等美发强国的选手，一举夺得金牌，成为"世界第一剪"，实现了我国在此项目金牌上的零突破。

如今才23岁的聂凤，凭借"世界第一剪"的成绩，享受到了与奥运会冠军同等的待遇。她被留校任教，破格提升为副教授，并入选为备战第44届世界技能大赛国家队美发组的教练。

2016年，她拿到了国务院对于高层次专业技术人才和高技能人才的奖励——国务院政府特殊津贴。从此，她变得更加忙碌，竟然没有谈恋爱的时间。

聂凤多次对采访的记者说："获奖后，美发对于我来说有了更多的意义。荣誉越多，肩上的责任就越大，以后我会更加努力地为行业代言。我想让更多的职业技校的学生，在我身上看到未来发展的前景和希望。我还想告诉那些成绩不太好的中学生朋友，即使当不了学霸，也可以当技术尖子，甚至可以在世界舞台上展示大国工匠的风采！"

尺有所短，寸有所长。学霸用错了地方会成为废物，学渣用对了地方会成为宝贝。这就像宝贝用错了地方会成为废物、废物用对了地方会成为宝贝一样。

每天赚 10 亿的经验

从 1994 年起，飞机销售员约翰·雷义出任空中客车公司的首席商务官，负责所有的商业运营工作。

到 2017 年，雷义已经为公司卖掉了 1.6 万架飞机，赚的钱超过 1 万亿，使公司占全球市场的份额从 13% 提高至 50%。换句话说，23 年来，他平均每天卖出两架飞机，每天为公司赚 10 亿。

2015 年，雷义荣获了相当于航空界的奥斯卡奖，即飞行俱乐部基金会授予的"杰出成就奖"。《华尔街日报》赞道："他是史上最牛的飞机销售员，是赚钱速度比印钞机还快的神人，是活着的奇迹！"

近日，65 岁的雷义宣布：将于 2018 年 1 月退休。他毫不吝啬地与朋友们分享了自己每天赚 10 亿的心得。其中最具特色的一条营销经验是："把顾客当学生，而不是上帝。"

雷义说，顾客最终是否选择你，取决于你和客户的关系。如何从陌生到被信任，是销售最大的挑战。或许你会说，搞关系不就是陪顾客吃吃喝喝吗？那你就错了，吃吃喝喝谁不会啊？你会顾客也会，那又有什么区别？

雷义还说，顾客明知道你要赚他的钱，为什么还要听你推销？因为顾客不知道哪家的产品最适合自己，怎么买才最有利；

顾客需要从你这里获取资讯，特别是内幕资讯。所谓的内幕资讯，不是什么商业机密，而是作为一个专业人士能够给予的建议。

雷义总结道，品牌和顾客的关系，不是服务员和上帝的关系，也不是狼和羊的关系，而是师生关系。品牌是老师，顾客是学生。老师要辅导学生完成一门功课——如何买到最合适的商品。

雷义是飞行员出身，又卖了多年飞机，所以对航空运输业有深刻的认知。他常常是一边推销飞机，一边指导顾客权衡利弊得失。顾客像学生听老师讲课一样，受益匪浅，进而愉快地做出最佳选择。因此，他和顾客都建立了良好的师生关系。

约翰·雷义桃李满天下。阿联酋航空公司是他多年的合作伙伴，也是得意门生之一。此公司听说他要退休，便主动订购了30架A380，总值72亿美元，将此作为礼物，献给了即将退休的恩师。

拍摄雪花的人

阿列克谢是俄罗斯人。小时候,他看到了专业摄影师拍摄的一幅雪花的大图。他感到很惊讶,原来人们最常见的雪花,组成宏大雪景的雪花,竟然有如此这般细腻的美。从此他迷恋上了转瞬即逝的雪花,同时有了一个梦想:将来要成为一名业余摄影师,要拍摄出令人震撼的雪花之美。

阿列克谢长大后明白了:拍摄出雪花高清微距照片,需要非常专业的设备,自己作为一名小小的公司职员,根本无力负担。但是,没有钱就不能实现梦想了吗?他不肯屈服,用两个星期的时间,将淘来的旧相机改造成自己渴望的相机。同行们看到他的"杰作",戏谑地称它为"傻瓜微距相机"。

可阿列克谢毫不在意。他在自家后院搭起4根木桩,上面放一块玻璃,剩下的就是等待时机。功夫不负有心人,他成功了!当雪花落在玻璃上,玻璃下面的光源恰好打背光。他这样拍摄出的雪花,如璀璨珍贵的宝石。

阿列克谢并不满足:"玻璃上的雪花虽然很美,但还不能完全凸显出雪花本身的每一丝细节。"经过深思熟虑,他突发奇想,改用毛毯拍摄。娇柔的雪花落在毛毯上,深灰色的背景使其更加美丽。

从2008年12月起,阿列克谢成了"职业拍摄雪花的人"。

每当冬天来临,他便端起"傻瓜微距相机",静静等待拍摄时机。落雪的日子,每天都有无数雪花从他眼前凋零,但真正值得拍下的却少之又少。因为每一朵雪花都非常轻盈,非常脆弱,飘落时遇到风吹,遇到与其他雪花碰撞,就会粉身碎骨。

阿列克谢并不灰心,而是耐心地等待。很多时候,即使等待几个星期、几个月,也拍不到一朵完美的雪花。日复一日,月复一月,年复一年,只要美丽的雪花从天而降,他就在其化为乌有的瞬间,咔嚓一声,将其定格为永恒。他深有感触地说:"完美又有趣的雪花,实在太少了。这不仅需要高端的设备,还需要冰天雪地里的持之以恒,最难得的是好运气。"

到2017年,阿列克谢用了9年的时间,拍摄了几千张雪花,发表了100多张。人们常说:世界上没有两片完全相同的雪花,但他却能轻而易举将雪花分为9类。一是柱状雪花,形状简单,却晶莹剔透,是雪花最基本的形状。二是加盖柱雪花,和柱状雪花差不多,两头加上了盖子,看起来像工艺品。三是三角雪花,非常罕见,9年来只拍下几朵。四是六角板雪花,也叫"钻石星辰",看起来跟星星一样闪耀。五是蕨类状星型雪花,是最常见的雪花图案,有一个很小的中心,然后像树枝一样延伸。六是星状雪花,也是很常见的雪花,中心是星星状的,枝杈不多,不复杂。七是12分支雪花,美丽而神奇。八是结晶雪花,是小结晶体,在空中降落时和雨水融合冻成了冰。九是彩虹雪花,中心部分含有空气,能呈现五彩斑斓的彩色。

阿列克谢用了9年的时间,用了9年的意志、工作、等待,把自己修炼成拍摄雪花领域的专家,修炼成赫赫有名的摄影家。他拍摄的雪花,已在全球广为流传。他欣慰地说:"9年不多,我还会追着雪花,一路拍下去。但愿你的世界,也有义无反顾的执迷不悟。"

从阿列克谢拍摄雪花的故事，不禁想到法国科学家巴斯德的话："字典里最重要的三个词就是意志、工作、等待。我要在这三块基石上建立我成功的金字塔。"

其实，人人皆可在意志、工作、等待这三块基石上建立自己成功的金字塔。

拉面之神

16岁的山岸一雄初中毕业后,到东京的工厂里打工,是车床工。有一天,一个做拉面的亲戚对他说:"你来我这里当学徒吧,学会了自己开店。即使在不知名的小角落,你和青梅竹马的未婚妻二三子,也能有个安稳的家。"

山岸毫不犹豫地去了亲戚的拉面馆,学了不到两年,亲戚说:"你做得比我还好了,可以出去开店啦。"但他觉得还不够好,竟然当了10年学徒后才准备自立门户。

1960年,山岸和二三子成婚。第二年,夫妻俩拿出了10年的积蓄,开了一家9平方米的拉面店——大胜轩。他对妻子承诺:"我要好好工作,让你过上好日子。"

从此,山岸和妻子每天4点起床,做准备工作。首先是制作叉烧,材料是上好的五花肉,但要去掉多余的肥肉,以降低油腻感;然后是熬汤,用鸡骨、猪骨还有猪脚,熬制一个半小时,再加入洋葱、红萝卜、大蒜和姜;最后加入沙丁鱼干和鲭鱼片。在这过程中,要用长棍不断搅拌,让食物的本味融入汤中。熬汤的间隙,他做面,要不要加水,加多少水,随手一捏,便了然于心。准备工作一直做到11点,大胜轩才对外营业。从11点到15点的4个小时,夫妻俩忙个不停,200碗拉面天天供不应求。

山岸做拉面的根本原则是:亲力亲为,量大料足,不挣钱也没关系。最小的一碗也有 260 克，比其他拉面店多了近一倍。食客即使吃不完，他也不在意。他说："我年轻时，常有吃不饱饭的时候。现在，我希望每个人都能吃饱饭，有力气工作。"学徒们对此很难理解。有个叫田代浩二的学徒，开了 15 家店，自嘲地说："我是很奸诈的，没像师傅做那么大的量，因为那样很难赚钱。"

山岸的学徒很多，多到自己也记不清。这些学徒短的学三四天，长的也很少超过半年。几十年间，9 平方米小店见证了几百个学徒的来来去去。不论是对同行，还是对外行，他一律以诚相待，知无不言，言无不尽。他说："在我这儿，没有什么商业机密。你想学，我就把全部教给你。"现在，日本冠名"大胜轩"的拉面店有好几百家，都是山岸的学徒开的，但山岸从没要过一分钱的加盟费。

这样开店的日子维持了 25 年，虽然辛苦，但夫妻俩乐在其中，直到 52 岁的妻子被查出患了胃癌。从查出到病逝，只有一个月。山岸因此而一蹶不振，消沉无比，差点关店。在客人的一再劝慰和呼吁下，他才强振精神，重新开业。

山岸身体肥胖，积劳成疾。已经自立门户的学徒听闻师傅要做手术，纷纷赶回来，撑起大胜轩。尽管他们都清楚师傅的配方，可做出来的拉面食客却很不满意。平日排的几十米长队，没几天就不见了。学徒们苦涩地说："还是会有人来拍照，只不过拍的是这里门可罗雀的样子。"

山岸住院手术期间，大胜轩的营业额下降了 50%。直到 10 个月后，他重新出山的第一天，一传十，十传百，大胜轩门前的长队又回来了。

山岸每天打开店门，总能看到二三十米的长队，都是两眼放光的食客，不少是吃了几十年的常客。附近印刷厂的一位职工，吃了40多年；一位出租车司机，吃了15年；还有个开货车的，每周都会驾车两个半小时，来大胜轩吃一次。

2007年3月20日，因城区改造，大胜轩面临拆迁。食客、媒体从全国各地赶来，有人甚至排了9个小时的队。老客户们说："一定要吃到老板煮的最后一碗面。"不久后，这里建起了一栋52层高楼。那个自称很奸诈的学徒田代浩二，为师傅买了一套房子。

2015年，大胜轩的创始人山岸一雄去世了。他无儿无女，大胜轩也被拆除了。他去世前无牵无挂，一身轻松。他坦然无愧留下的最后一句话是："我一生都很努力，所以没有什么遗憾。"他做了46年的拉面，被日本人尊为"拉面之神"。

其实，把任何一件平凡的小事做到极致，都是不平凡。即使是把一碗拉面做到极致，也会被一个国家的人民尊为神人。